Olivier Razac

Politische Geschichte des Stacheldrahts
Prärie, Schützengraben, Lager

Aus dem Französischen
von Maria Muhle

diaphanes

Titel der französischen Originalausgabe:
Histoire politique du barbelé. La prairie, la tranchée, le camp
© La Fabrique-éditions 2000

1. Auflage
ISBN 3-935300-31-X
© für diese Ausgabe: diaphanes, Zürich-Berlin 2003
www.diaphanes.net
Alle Rechte vorbehalten

Satz: 2edit, Zürich, www.2edit.ch
Umschlaggestaltung: Thomas Gilke, Berlin
Druckvorstufe, Herstellung: print's professional, Jan Scheffler, Berlin
Druck: Kästner-Druck, Berlin

Inhalt

Einleitung 7

I. Drei historische Meilensteine 9
   Amerika und wie es die Prärie umschließt 10
   Der erste Weltkrieg, der Schützengraben 26
   Das Lager 38

II. Der Stacheldraht und die politische
    Verwaltung des Raumes 51
    Eine Grenze zwischen Leben und Tod 53
    Die Herde schützen und das wilde Tier töten 60
    Stacheldraht und Überwachung 64

Der Stacheldraht heute 71

Anmerkungen 87

»Das ist der beste Zaun der Welt.
Leicht wie Luft.
Stärker als Whisky. Billiger als Schießpulver.
Ganz aus Stahl und viele Kilometer lang.
Das Vieh ist noch nicht geboren, das ihn überwinden kann.
Meine Herren, nehmen Sie die Herausforderung an
und bringen Sie ihre Rinder!«[1]

John Warne Gates,
Stacheldrahtverkäufer,
Texas, in den 70er Jahren des 19. Jahrhunderts

Einleitung

Obwohl nun schon älter als ein Jahrhundert, ist der Stacheldraht noch immer ein viel gebrauchter Gegenstand. Man findet ihn überall, auf dem Land umgibt er Felder und Weiden, in der Stadt findet man ihn auf den Mauern und Zäunen, die Fabriken, Kasernen oder die Anwesen von besorgten Hausbesitzern umschließen. Auch anderswo wird der Stacheldraht benutzt: an Grenzstreifen, auf Schlachtfeldern oder um Menschen in Gewahrsam zu nehmen, die man überleben läßt, die man zurück in ihre Heimat schickt oder die man tötet.

Dennoch ist der Stacheldraht ein eher primitiver Gegenstand der Technik, der auf der untersten Stufe der mechanischen Entwicklung stehengeblieben ist. In einem Jahrhundert des rasenden technischen Fortschritts, in dem ein Computer innerhalb von zehn Jahren geradezu lächerlich veraltet und aus der Mode gekommene Gegenstände die Schrottplätze der Moderne überfluten, ist der Stacheldraht, seit er zum ersten Mal aufgekommen ist, unverändert geblieben. Seine Aufgabe – den Raum zu begrenzen, auf den Boden die Linien einer aktiven Teilung einzuzeichnen – erfüllt er weiterhin sehr gut. Der Perfektionsgrad eines Machtmittels – und hier handelt es sich um die räumliche Festlegung von Machtbeziehungen – bemißt sich nicht so sehr nach seiner technischen Raffinesse als vielmehr nach seiner perfekten wirtschaftlichen Anpassungsfähigkeit. Die wirksamsten Dispositive der Macht sind jene, die am wenigsten materielle und symbolische Energie verbrauchen, um bestimmte Kontroll- und Herrschaftsstrukturen zu schaffen. Diese Wirksamkeit kann durchaus auf sehr simplen und anspruchslosen Gegenständen beruhen, wie zum Beispiel dem Stacheldraht, der gerade aufgrund seiner technischen Schlichtheit ein besonders billiges und anspruchsloses Machtmittel ist, das sich mit verschiedenen anderen Dispositiven koppeln läßt.

Doch die Tatsache, daß der Stacheldraht noch immer weit verbreitet ist, heißt nicht, daß er nach wie vor an der Spitze der Technologien zur Verwaltung des Raumes steht. Es zeichnet sich heute eine neue Strategie der Macht ab, die darin besteht, den Raum so unauffällig wie möglich zu besetzen. Doch ist dies so neu? Bereits der Stacheldraht entspricht einem Rückzug der Macht von der materiellen Dichte des Steins und anderen massiven Teilungsvorrichtungen. Es ist diese Unauffälligkeit, die ihm zum Verhängnis geworden ist und die von Anfang an den Moment ankündigte, da der Stacheldraht selbst zu auffällig und zu schwer sein würde und von unscheinbareren Techniken ersetzt werden mußte, die den Raum mit noch unauffälligeren Techniken kontrollieren. Dispositive, die immaterielle Grenzen ziehen, welche weder aus Holz noch aus Stein noch aus Metall, sondern aus Licht, Wellen und unsichtbaren Vibrationen bestehen.

I. Drei historische Meilensteine

Der Stacheldraht ist allgegenwärtig. Seit seiner Erfindung wird er auf verschiedenste Weise und zu unterschiedlichen, ja gegensätzlichen Zwecken auf der ganzen Welt verwendet. Seine Geschichte erscheint daher auf den ersten Blick unübersichtlich und sie zu erzählen als ein potentiell chaotisches Vorhaben.

Es wird also nicht darum gehen, die Geschichte des Stacheldrahts zu erzählen, indem man jede seiner Erscheinungsformen seit seiner Erfindung nachverfolgt. Vielmehr handelt es sich darum, die Momente aufzuzeigen, in denen Stacheldraht eindeutig in einem politisch bedeutungsvollen Kontext steht. In diesem Zusammenhang können wir drei historische Momente als paradigmatisch bezeichnen: die amerikanische Prärie, die Schützengräben des Ersten Weltkriegs und die Konzentrationslager der Nazis.

In jedem dieser drei Fälle findet der Stacheldraht in seinem Reinzustand Verwendung. Er wird also nicht einfach anderen Elementen hinzugefügt, wie zum Beispiel einer Mauer, sondern er ist das zentrale Material, das Abgrenzungen hervorbringt.

Weiterhin ist die Verwendung von Stacheldraht in jedem dieser drei Fälle von seinem ursprünglichen (nämlich landwirtschaftlichen) Zweck weit entfernt. Stacheldraht wird hier mit unmittelbar politischen Auswirkungen gebraucht, indem er an drei Katastrophen der Geschichte aktiv teilhat: an der physischen Ausrottung und dem Ethnozid der nordamerikanischen Indianer, am unvorstellbaren Blutbad des modernen Krieges und – im Inneren der totalitären Katastrophe – am Konzentrationslager, dem Genozid an Juden, Sinti und Roma.

Amerika und wie es die Prärie umschließt

Die Erfindung des Stacheldrahts und die Eroberung des Westens
1874 ist ein dunkles, aber zentrales Datum in der Geschichte der Vereinigten Staaten von Amerika. J.-F. Glidden, ein Farmer aus Illinois, läßt sich seine neue Erfindung patentieren, den Stacheldraht. Er ist nicht der erste, der sich in dieser Richtung versucht hat, aber seine Erfindung weist gegenüber den vorherigen eindeutige technische Vorteile auf. Dabei handelt es sich eigentlich nur um zwei Eisendrähte und eine Reihe von Metallstacheln, die aus einem weiteren, in sich verdrehten Draht bestehen, dessen Enden schräg abgeschnitten sind.

Anfänglich hatte Glidden sich damit zufrieden gegeben, jeden Stachel auf einen zentralen Eisendraht zu klemmen, aber die Klammerung löste sich immer wieder und die Stacheln verrutschten entlang des Drahts. Da kam ihm die geniale Idee, die Vorrichtung zu verstärken, indem er einen zweiten Eisendraht um den ersten und um die Stacheln wickelte. Diese wurden auf

I. Drei historische Meilensteine

diese Weise fixiert, und das Ganze erwies sich als weitaus stabiler.[2]

Vier Fünftel der seit Mitte des 19. Jahrhunderts entwickelten Modelle für neue Umzäunungen entstehen im Mittleren Westen. Man war auf der Suche nach einem billigen Mittel, um die Felder der Farmer abzugrenzen, die nach und nach die Ebenen östlich des Mississippi besetzen. Nach Jahrzehnten der stetigen Kolonisierung verlangsamt sich das Vordringen gen Westen eigenartigerweise ab 1850. Dies läßt sich vor allem durch die geographische Beschaffenheit des Bodens jenseits des 100. Längengrads erklären, der die Vereinigten Staaten in zwei Teile teilt. Das Land, das sich zwischen dem Missouri und den Rocky Mountains erstreckt, ist auf Grund seiner Trockenheit und seiner Armut an Holz und Stein für den Ackerbau nicht zu gebrauchen. Diese »große amerikanische Wüste« ist im Jahre 1850 noch weitgehend unberührt. Die einzige Metapher, die dieser Landschaft gerecht wird, ist die des Ozeans: ein sanftes Relief, auf dem sich das hohe Gras in einer wellenförmigen Bewegung ununterbrochen im Wind hin und her wiegt. Ein ebener Raum, über den die Karawanen der ersten Pioniere und lange vor ihnen Büffelherden und jagende Indianer hinweggleiten. Die Widerständigkeit des Bodens gegenüber jeder Nutzung und damit auch der europäischen Kolonisierung half der Prärie indes nicht lange, sich den Zielen des Weißen Mannes zu widersetzen.

Im Jahre 1862 wird der sogenannte *Homestead Act* verabschiedet. Unter dem Druck der armen besitzlosen Farmer wird darin der Willen der Regierung verankert, das Tempo des Vordringens nach Westen zu erhöhen. Zu jener Zeit kann jeder amerikanische Staatsbürger umsonst das Eigentumsrecht über 80 Hektar Land erwerben, unter der Bedingung, daß er dieses Land auch bestellt. Der *Homestead Act* ist das Signal für die letzte Etappe der amerikanischen Kolonisierung, auch wenn die verteilten Ländereien eher privaten Spekulanten und den Eisenbahnfirmen zu Gute kommen. Die Schwierigkeit besteht nun darin, aus dem unwirtlichen und ungastlichen Landstrich bebaubare und ertragreiche Felder zu machen.

Hinzu kommt, daß die Prärie ab dem Jahre 1865 von den großen texanischen Viehzüchtern genutzt wird. Diese lassen auf den weiten Ebenen ihre riesigen »*Long Horn*«-Herden weiden, die sich auf dem Weg zu den neuen Bahnstationen im Norden von Texas (Abylene, Cheyenne…) befinden. Von dort aus läßt sich das Vieh einfach und billig nach Osten (Kansas City, Saint Louis…) verschicken, um es zum zehnfachen Preis zu verkaufen. Millionen von Cowboys geführte Rinder erobern, über zwanzig Jahre, das einstige Territorium von Büffeln und Indianern und begründen den Reichtum einiger weniger »Viehbarone«. Doch schnell wird klar, daß sich die freie Weidewirtschaft nicht bewährt: Die Tiere leiden zu sehr unter den Gefahren des Transports und den schlechten klimatischen Verhältnissen. Außerdem werden die Herden ab Ende der siebziger Jahre des 19. Jahrhunderts von den Farmern zurückgedrängt, die ihre Parzellen neu erworbenen Landes einzäunen, was zu regelrechten »Stacheldrahtkriegen« führt. »Das Vieh-

I. Drei historische Meilensteine

imperium zerfällt so schnell wie es entstanden ist. Und selbst wenn weiterhin Viehzucht in den großen Ebenen betrieben wird, geschieht dies auf eine weit weniger abenteuerliche und malerische Art.«[3] Jedenfalls hat die kurze Periode der »*open ranges*«, Rinderherden und nomadisierenden Cowboys, die zum zentralen Mythos der amerikanischen Geschichte geworden ist, die Erkundung der großen Prärien ermöglicht, die ab diesem Zeitpunkt nicht mehr als Bedrohung empfunden und zugänglicher werden.

Schließlich sind es einige technische Neuerungen, die es den Farmern ermöglichen, sich in den großen Prärien anzusiedeln und sie landwirtschaftlich zu nutzen. Dazu gehört vor allem die Transkontinentale Eisenbahn, deren erster Anschluß im Jahre 1869 immense Auswirkungen hat, indem er den Westen mit den großen wirtschaftlichen und neuerdings auch industriellen Zentren im Osten verbindet und die Inbesitznahme des Geländes entlang der Schienen ermöglicht.

Doch die Eisenbahn kann nicht alle Versorgungsprobleme lösen. Es fehlen Rohstoffe, um das Land fruchtbar zu machen, und die Schwierigkeiten der Umzäunung, um die Herden vor wilden Tieren und Indianern zu schützen, bestehen fort. Die traditionellen Methoden – die Mäuerchen Neuenglands, Hekken oder malerische Holzzäune – können aufgrund des Mangels an Holz, Stein und Wasser nicht angewandt werden. Auch Erdwälle, an die man eine Zeit lang gedacht hatte, erweisen sich als völlig unpraktikabel. All diese Tatsachen erklären, warum

Gliddens Erfindung eine wahre Revolution für die landwirtschaftliche Nutzung der Prärie darstellt.

Der mit Stacheln bestückte Eisendraht ist unter den Extrembedingungen des Wilden Westens überaus praktisch. Aufgrund der Verdrehung des Stacheldrahts läßt seine Spannung nicht nach, wenn er sich bei großer Hitze ausdehnt. So läßt er sich im Gegensatz zu bloßem Draht auch hohen Temperaturen aussetzen. Auch ist es viel schwieriger, ihn zu verbiegen oder zu zerstören. Die feststehenden Stacheln erweisen sich als perfekt geeignet, um die Tiere vom Einreißen der Zäune abzuhalten, ohne sie zu verletzen. Man kann außerdem seine »Leichtigkeit als Transport- und Bauartikel« hervorheben, »seine universale Anwendbarkeit, die einfache Installierung, seine lange Haltbarkeit und seine Anpassungsfähigkeit an alle möglichen Zwecke«.[4]

Doch vor allem tut sich Gliddens Stacheldraht durch seine niedrigen Produktionskosten hervor. Zusammen mit dem Patent für den Stacheldraht erwarb Glidden ein Patent für eine Maschine, die Stacheldraht in Serie produziert. Ab 1874 übernimmt er selbst die Herstellung in seiner Fabrik in De Kalb. Der Draht wird zu dieser Zeit für ungefähr zehn Dollar das Kilo verkauft. Zwanzig Jahre später ist der Preis auf ein Zehntel gesunken. Eine Studie des Landwirtschaftsministeriums von 1871 schätzt die Kosten für die Umzäunung von 80 Hektar Land im *Far West* auf 640 Dollar, das heißt acht Dollar pro Hektar Land. Dank Gliddens Stacheldraht kann man ab 1897 mit fünf Dollar für die Umzäunung eines *Homestead* rechnen,

I. Drei historische Meilensteine

und die Preise fallen stetig weiter. Die Stacheldrahtherstellung (die in der Zwischenzeit von der *American Steel and Wire Company* und ab dem 20. Jahrhundert von der *United States Steel* übernommen wurde) steigt von 270 Tonnen im Jahr 1875 auf 135.000 Tonnen im Jahr 1901. Die Bedeutung des Stacheldrahts für die amerikanischen Geschichte ist so groß, daß man behaupten konnte, daß »es weder die Eisenbahn noch die Gesetze über die Verteilung des Bodens waren, die es den Farmern ermöglichten, sich über den Missouri hinweg auszubreiten, sondern der Stacheldraht«.[5]

Doch das östlich vom Missouri gelegene Gebiet ist nicht völlig leer. Auch wenn die Kolonisierung jenseits der Rocky Mountains im Zeichen des »Goldrausches« gänzlich abgeschlossen ist, leben in den Gebieten zwischen den Rocky Mountains und dem Missouri noch die letzten freien Indianer der Vereinigten Staaten.

Die Grenze rückt vor, die Indianer weichen zurück

Ende des 18. Jahrhunderts erreicht die Bevölkerung der 13 amerikanischen Kolonien insgesamt zwei Millionen Einwohner. Doch auch die Indianer erleben nach langen Jahren des territorialen Rückzugs und des Bevölkerungsschwunds einen neuen Aufschwung. Sie organisieren ihre Gesellschaft neu, indem sie die Bedingungen der Kolonisierung mit einbeziehen, um sich der Gefahr besser stellen zu können. Ein Zeichen für diese Veränderungen ist die Gründung von Konföderationen: die Konföderation der Irokesen ab Mitte des 17. Jahrhunderts in der Nähe der Großen Seen und etwas später die Konföderation der Creek im Süden. So zeichnet sich langsam eine klare Trennung zwischen zwei in sich geschlossenen Gruppen ab: auf der einen Seite die europäischen Kolonien, die ab 1776 einen unabhängigen Staat bilden, und auf der anderen Seite die stolzen Indianerstämme, die sich bewußt sind, was auf sie zukommt. Der Ort, an dem diese beiden Gruppen in Kontakt kommen, ist daher wie eine Grenze oder eine extreme Trennlinie, die nicht nur zwei Territorien, sondern zwei Zivilisationen, zwei Welten voneinander trennt.

Zu Beginn des 19. Jahrhunderts stimmt diese »Grenze« ungefähr mit der Gebirgskette der Appalachen überein. Vierzig Jahre später verläuft sie entlang des Mississippi. Die Ausweitung der Kolonien entspricht der Jeffersonschen Politik des »Entweder-Oder«. »Es wird ihnen [den Indianern] auf die Dauer nichts anderes übrig bleiben, als sich uns anzuschließen und amerikanische Staatsbürger zu werden, oder aber sich auf die andere Seite des Mississippi zurückzuziehen. Die erste Lösung ist zweifelsohne das glücklichere Ende ihrer Geschichte.«[6] Denn mit der positiven Wende für die Union entsteht die Figur des Indianers als Opfer, das man auf ambivalente Art behandeln kann. Die Schwierigkeiten der Indianer, sich in die westliche Zivilisation zu integrieren, und die tödliche Gefahr, die diese Integration für sie darstellen kann, werden erkannt und benannt. Um dieses Problem zu lösen, werden den Indianerstämmen bewachte Reservate zugesprochen. Es kommt in der

I. Drei historische Meilensteine

Folge zu großen Bevölkerungsdeportationen, die auf der »freiwilligen« Aufgabe der Gebietsansprüche seitens der Indianer beruhen. Zum »Ausgleich« erhalten sie »unantastbare« Reservaten jenseits des Mississippi. So werden ganze Völker guten Gewissens (letztendlich sollen sie ja vor dem Weißen Mann gerettet werden) und ganz legal über große Entfernungen hinweg versetzt und in unwirtlichen Gegenden wieder angesiedelt, die in den meisten Fällen schon von anderen, oft wenig gastfreundlichen Stämmen bewohnt sind.

Ende des Jahrhunderts besiegelt die durch die Eisenbahn und die Stacheldrahtzäune möglich gewordene Beschleunigung des Vormarschs nach Westen das Ende des Widerstands der Indianer und ihres Bestehens als Nation. Die nächste Aufgabe besteht darin, amerikanische Staatsbürger aus ihnen zu machen. Dazu muß die Stammesstruktur zerstört werden, deren gemeinschaftliche Realität sich dem neuen individuellen und privaten Status des Indianers widersetzt. Der Indianer als integriertes Individuum geht aus der Zerstörung des Indianers als Indianer hervor. Das neue Integrationsprojekt wird von dem gutgemeinten Humanismus der Reformisten getragen, die um das Schicksal der Indianer wirklich besorgt sind. Ihr Ziel ist es, die Indianer zu guten Farmern zu machen, die eng am Begriff des Privateigentums ausgerichtet sind.
Der zentrale Teil dieses Projektes ist der 1887 verabschiedete *Dawes Act*, der es dem Präsidenten der Vereinigten Staaten erlaubt, die indianischen Gebiete aufzuteilen, ohne ihre Bewoh-

ner vorher zu befragen (es handelt sich hierbei um eine Art aufgezwungenen *Homestead Act*). In einem Reservat erhält jede Familie 80 Hektar Land zum Ackerbau, der Rest kann von den weißen Farmern genutzt werden. Diese Lösung ist doppelt wirkungsvoll, da sie einerseits die Zerschlagung der Basis der indianischen Gesellschaft ermöglicht, die als Relikt der Vergangenheit und somit als Affront gegenüber einer auf Produktivität beruhenden Moderne empfunden wird, und andererseits Menschen und Gebiete, die bis dahin in einer nicht länger zu tolerierenden Energieverschwendung ungenutzt blieben, der Arbeit erschließt. »So hatten die Indianer vor der Ankunft der Weißen nicht geahnt, daß die Erde einer bestimmten Person gehören könnte, und nicht das Gemeingut all derer sei, die auf ihr leben. [...] Der Indianerstamm bewohnte ein Gebiet, das sich im Einklang mit seinen Bedürfnissen und der Größe der Bevölkerung befand, ohne daß die Rede von Grenzen oder Absperrungen gewesen wäre.«[7]

Nach der physischen Ausrottung wendet sich die amerikanische Indianerpolitik der kulturellen Zerstörung, dem Ethnozid zu. William Jones, von 1897 bis 1904 Kommissar für Indianische Angelegenheiten, glaubte, »das Verteilungssystem wäre die ›Lösung der Indianerfrage‹ und nannte den *Dawes Act* ›eine mächtige Pulverisierungsmaschine zur Vernichtung des Stammeskörpers‹«.[8] Obwohl der *Dawes Act* recht unterschiedliche Situationen zur Folge hat, läßt sich etwas wie ein Gesamtbild skizzieren. Eine große Anzahl von Stämmen, die ihr Leben auf ihre Art führen wollen, lehnen es ab, die ihnen zugesprochenen

I. Drei historische Meilensteine

Gebiete in Besitz zu nehmen, welche daraufhin rasch verkauft werden. Diese »Widerspenstigen« ziehen sich meistens in die entlegensten und somit unbeliebten Gebiete der Reservate zurück. Tatsächlich »gefiel den Indianern […] die Idee der Einzäunung der Gebiete selbst zu Friedenszeiten nicht, und sie wollten noch weniger davon wissen, als sie sahen, wie der Stacheldraht ihre Zeltlager einzukreisen und sie von ihren Jagdgründen abzuschneiden drohte. Überdies wurden dadurch ihre traditionellen Kriegstaktiken, der Überraschungsangriff und der Nahkampf, unmöglich. […] Und als mehr und mehr Zäune auftauchten und die zerschnittenen immer wieder geflickt wurden, hatten die Indianer keine andere Wahl, als anderswohin zu ziehen; dort, wo die Siedler und ihre Zäune überhand nahmen, wurden sie immer seltener gesehen.«[9] Von denjenigen, die sich dem *Dawes Act* unterwerfen, gehen die meisten zugrunde, demoralisiert durch den Niedergang der Stammesgemeinschaft, benachteiligt durch die generell schlechte Qualität der ihnen zugesprochenen Gebiete, ohne Kapital und erschlagen von der harten und oft unehrlichen Konkurrenz der Weißen.

Während die Indianer nur selten das Verlangen oder die Mittel haben, ihr kleines Stück Land einzuzäunen, machen die weißen Farmer und Viehzüchter verschwenderischen Gebrauch von Stacheldraht, um das Land, das ihnen gehört oder das sie gepachtet haben, zu schützen, wobei sie oftmals weit über ihre Grenzen hinaus auf das offene Land der Indianerstämme übergreifen. Ein Viehzüchter namens Ed Lemmon pachtet und umzäunt 1903 in den nördlichen Ebenen ein Gebiet von 350 000 Hektar Land aus dem Reservat der Sioux-Indianer in Standing Rock.[10] Dies ist ein extremes, aber bedeutungsvolles Beispiel für die Art und Weise, in der die Indianer auf ihrem eigenen Grund und Boden auseinandergerissen und von abgeschlossenen feindlichen Gebieten eines Volkes eingekreist werden, das sie, auf welche Art auch immer, verschwinden sehen will. »Von diesem Moment an befinden sich die Indianer nicht einmal mehr in einem abgeschlossenen und als solchem respektierten Raum. Sie leben in den Reservaten in einem zerschnittenen und umschlossenen Gebiet, unter permanenter militärischer Bewachung, die darauf abzielt, die Indianer in den Reservaten unbeweglich zu machen und aufzuspalten. Über jeden Ausgang muß verhandelt werden, und zwar auf individueller Ebene. […] Auf ihrem privatisierten Land sind die Indianer in einer Gemeinschaft verstreut, die sie mit ihren Blicken und ihren Lebensweisen umringt. Gefängnis der Fragmentierung, gefangene Fragmente.«[11]

Die Indianer haben unter der Wirksamkeit des Stacheldrahts doppelt zu leiden. Einerseits erleichtert der Stacheldraht ganz eindeutig das Schließen der Grenze, das heißt die Besetzung und wirtschaftliche Ausbeutung der Gebiete. Andererseits ermöglicht er ab dem Ende des Jahrhunderts die Aufteilung der wenigen übriggebliebenen indianischen Landstriche. Der Stacheldraht zerschneidet und umschließt den Raum und zerstört die Gemeinschaftsstrukturen der indianischen Gesellschaft.

I. Drei historische Meilensteine

Der Stacheldraht verwandelt den geographischen und sozialen Raum der Indianer in eine feindliche Umgebung, in der sowohl das Nomadentum der Indianer als auch ihre Art zu jagen unmöglich geworden ist. Er macht aus ihm einen fremden Ort, an dem ein Stammesleben unvorstellbar ist. Kurz, er schafft die Bedingungen für das physische und kulturelle Verschwinden des Indianers.

Stacheldraht, mythischer Westen und Western

Der wilde Westen wurde in dem Moment zum Mythos, als es keine »Grenze«, keine Cowboys, keine »*open ranges*« und keine freien Indianer mehr gab. Es gibt viele verschiedene Interpretationen über die Beziehung zwischen der Existenz der Grenze und dem Mythos des Westens, der aus ihr entstand. Man kann in jedem Fall feststellen, daß dieser Mythos ein Gefühl des Verlustes einer eigenen Gesellschaftsform widerspiegelt, die ihre Besonderheit aus der Dynamik der Eroberung und der Begegnung mit dem Unbekannten zieht. Dieses Gefühl des Verlustes wurde in kürzester Zeit zum politischen Mythos. »Der Westen ist im Grunde genommen mehr eine Form der Gesellschaft als ein territorialer Raum. Er ist die Bezeichnung, die auf ein Territorium angewandt wird, dessen gesellschaftliche Zustände von einer Wandlung älterer Einrichtungen und Ideen durch die umgestalteten Einflüsse des freien Landes herrühren. Durch diese Wandlung hat sich plötzlich eine neue Umgebung aufgetan, die freie Auswahl der Möglichkeiten steht offen, die Macht der Gewohnheit ist gebrochen, und neue Wirkungsmöglichkeiten, neue Aufstiegsmethoden, neue Einrichtungen und neue Ideale werden ins Leben gerufen.«[12]

Wir wollen nicht im Näheren auf die Berechtigung der Versuche eingehen, welche die Gründe eines spezifisch amerikanischen Egalitarismus mit der blutigen Eroberung des Westen in Verbindung setzen. Doch kann man immerhin sagen, daß der amerikanische Westen einige ureigene Charakterzüge entwickelt hat, auch wenn diese eher kurzlebig waren und nur vom Ende des Sezessionskrieges bis Anfang des 20. Jahrhunderts angedauert haben.

Einer davon ist die Tatsache, daß die Viehbarone in ihrem sich ausbreitenden Imperium ihre eigenen »Gesetze« schaffen, mit denen sie den Westen regieren und ihn vor den Fremden »beschützen«, vor allem vor den Ackerbau betreibenden Siedlern. Das oberste Gesetz, aus dem sich alle anderen ergeben, ist das sogenannte Gesetz der »*open range*«, »das ungeschriebene Gesetz über den freien Zugang zu Gras und Wasser. [...] Sich nicht auf dem Weg des Viehzüchters zur Prärie aufhalten, seine Wege nicht durch Städte, Felder oder Zäune versperren.«[13] Ein egalitäres Bild der Gesellschaft? Vielleicht. Wahrscheinlicher jedoch die Errichtung und Wahrung eines Monopols. Doch wie wir gesehen haben, wird die Prärie ab 1870 zunehmend durch die *Homesteaders* eingezäunt, und das Viehimperium, das auf freier Weidewirtschaft gründete, bricht größtenteils zusammen. Die Niederlage der Viehbarone geht allerdings nicht ohne Kämpfe vonstatten, und viele Western handeln von diesen »Stacheldrahtkriegen«. Zunächst veranschaulichen sie die

I. Drei historische Meilensteine

Konfrontation zwischen den Begründern der Zivilisation des Westens, starken Männer und heldenhaften Viehzüchtern, und den Farmern und Schafzüchtern, welche das Land an sich reißen und durch zu intensive Bewirtschaftung auslaugen. Doch schnell werden die Rancher mit »Richtern, Politikern und den Männern aus dem Osten identifiziert. Sie werden zu einer Gruppe unmenschlicher Kapitalisten (wie etwa in *Das Tor zum Himmel* von Michael Cimino, wo der Club der Viehzüchter alle Männer des County ermordet). Die amerikanische Gesellschaft ist somit von der Bewunderung des Self-mademan zum Kampf gegen die wirtschaftlichen Monopole übergegangen«.[14]

Der Westen und das Bild, das man von ihm hat, wird zu einem Spiegelbild der politischen Wunschbilder der Amerikaner, irgendwo zwischen der Suche nach einem heroischen, edlen und egalitären Ursprung und der Trauer über seinen Verlust oder, schlimmer noch, dem Bewußtsein, daß solch ein heldenhafter Ursprung gar nicht existiert hat (da die Helden der Gründerjahre vielleicht nichts anderes als habgierige Ausbeuter waren).

Das Verschwinden der *open range* führt zum Verschwinden des Cowboys, der als einsamer Reiter die Prärie durchstreift. Obwohl der Cowboy eigentlich nichts weiter ist als ein Kuhhirt, wird er plötzlich zum Übermenschen ausstaffiert. Denn »für die Amerikaner stellt die Einheit von Pferd und Mensch, die in den Westernhelden verkörpert ist, eine tiefe Sehnsucht dar. Die Nostalgie nach Beweglichkeit, nach Nomadentum. Gleichzeitig drückt sie die Angst vor der Verwurzelung aus, zu dem die moderne Zivilisation den Menschen verdammt.«[15] Der Cowboy bekämpft die Kultur, die aus dem Osten kommt und das Vordringen der Industrie, und »natürlich wird er zum entschlossenen Gegner jener seßhaften Viehzüchter, die die Prärie teilen und einzäunen wollen. Dafür wird Kirk Douglas in *Mit stahlharter Faust* kämpfen, als letzte Verkörperung des rauhen und groben, aber freien Mannes«.[16] Der Stacheldraht steht im Zentrum dieses Films. Dempsey Rae (Kirk Douglas), ein eingefleischter Cowboy, hat Texas aufgrund der Stacheldrähte verlassen, weil er die Einzäunung der Prärie nicht erträgt und weil sein Bruder bei einem Streit um den Stacheldraht ums Leben gekommen ist. Sein eigener Oberkörper ist übersät von den schrecklichen Narben, die »der Strick des Teufels« hinterläßt. Endlich findet er Arbeit in Wyoming, wo die Prärie noch offen und unberührt ist. Während eines Besuchs bei einem benachbarten Gutsbesitzer brüstet sich dieser, eine Lösung für das Futterproblem im Winter gefunden zu haben. Die Lösung besteht darin, während des Sommers Futter zu horten. Auf die Frage Dempseys, wie der Nachbar gedenkt, das Vieh von diesem Vorrat fernzuhalten, zeigt dieser ihm ein Stück Stacheldraht. Der Körper des stolzen Cowboys spannt sich und sein Blick verhärtet sich. »Stimmt was nicht?« fragt der Nachbar. Dempsey antwortet verächtlich: »Ich mag diesen Gegenstand nicht und auch nicht diejenigen, die ihn benutzen.« Überstürzt verläßt er den Raum. Kurze Zeit später wird er von seinem jungen Helfer gefragt, warum er Texas verlassen hat und ob es dort

I. Drei historische Meilensteine

nicht auch weite Prärie gäbe. »Natürlich gibt es die« antwortet der Cowboy melancholisch. »Aber sie haben sie mit Stacheldraht überzogen. Vorher war alles offen, so weit das Auge reichte, so weit ein Reiter gehen und seine Herden weiden lassen konnte. Es gab nichts, das dich aufhalten konnte, kein einziges Hindernis.«[17]

Im Mythos und vor allem in seiner Darstellung im Film ist der Cowboy zum Amerikaner schlechthin geworden, so wie man ihn sich vorzustellen hat. Jeder Amerikaner kann sich mit diesem heroischen Ursprung verbunden fühlen und davon träumen, daß auch er der mutige Begründer einer radikal neuen Welt und ein freier Mann ist. Der Verlust der epischen Dimension des wilden Westens geht mit dem Verlust des freien Raumes, des Nomadentums und des Egalitarismus einher, das heißt dreier grundlegender indianischer Werte. Es ist erstaunlich, daß die Westernhelden ihre Werte im wesentlichen von denen übernehmen, die sie bekämpfen und zerstören wollen. Der Stacheldraht hat den Cowboy nicht nur arbeitslos gemacht, er hat vor allem dazu beigetragen, die soziale Organisation der Indianer zu zerstören. Eigentlich müßte Amerika den Indianer und nicht den Cowboy, den kleinen Angestellten der Viehzüchter, als den Helden eines unverbrüchlichen Widerstandes gegen die moderne Produktivität feiern. Vielleicht steht hinter dem Gefühl des Verlusts der Prärie die eigensinnige Gestalt des Indianers, und mit dieser das Bedauern um eine Begegnung, die nicht stattgefunden hat, und das Bewußtsein der Schuld an der Ausrottung eines Volkes.

Der erste Weltkrieg, der Schützengraben

Moderner Krieg, Schützengräben und andere Verteidigungsanlagen
Der Schützengraben, Abwehr und Unterschlupf zugleich, wurde während des Ersten Weltkriegs massiv als Befestigungsanlage auf offenem Feld eingesetzt. Er wurde von Pioniertrupps entworfen und errichtet. Im Gegensatz zu permanenten Befestigungsanlagen – Stadtmauern, Zitadellen, Forts etc. – sind Schützengräben temporär oder »halb-temporär«. Sie werden angelegt, um den Angreifer in der Ausführung seiner Manöver aufzuhalten oder zu bremsen, oder um eine Verteidigungsstellung zu verstärken. Im 18. Jahrhundert tauchen diese temporären Befestigungsanlagen nach längerer Abwesenheit wieder auf, bleiben aber für das Kriegsgeschehen zweitrangig, insofern der Sieg weiterhin vor allem eine Frage der Beweglichkeit und Wendigkeit der Truppen ist. »Schaufel und Kreuzhacke (...) sind die Mittel der Schwachen oder jener, die nichts aufs Spiel setzen wollen.«[18] Wirklich wichtig wird der Schützengraben erst mit der Beschleunigung der Schußfolge und der immer größeren Reichweite der modernen Waffen, der Gewehre sowie der Artillerie.

I. Drei historische Meilensteine

Der moderne Krieg entwickelt sich in den Vereinigten Staaten während des Sezessionskrieges, dessen Kriegstaktik darin bestand, den Angreifer so lange wie möglich dem Feuer der eingegrabenen Schützen und der weiter hinten aufgestellten Kanonen auszusetzen. Zu diesem Zweck werden vor den Schützengräben eine Reihe zusätzlicher Verteidigungsanlagen aufgebaut: aufgeschüttete Erdhügel, Holzpfähle, Fallgruben[19] und Hindernisse aus abgehackten Bäumen *(abattis)*,[20] die dazu dienen, den aus seiner Deckung hervorgekommenen Angreifer aufzuhalten. »Ein einfacher Schützengraben wird von zwei Reihen Infanteristen verteidigt und ist von verschiedenen Hindernissen verdeckt. Er ist auf einem Gelände angelegt, das es ermöglicht, von der Reichweite der neuen Waffen zu profitieren. Ein solcher Graben ist vollkommen uneinnehmbar, es sei denn durch einen Überraschungsangriff.«[21]

Ein klassischer Schützengraben ist ein Graben, der tief genug ist, eine Reihe Soldaten bis zu den Schultern zu decken. In Schußrichtung wird eine Brustwehr aus Erde oder einem anderen schutzbietenden Material errichtet, in die man Schießscharten einläßt. Hinter der Brustwehr befindet sich ein leichter Abhang, so daß der Schütze etwas erhöht über dem Schlachtfeld thront, ohne von seinen eigenen zusätzlichen Verteidigungsanlagen behindert zu werden, und so die Angreifer, die durch sie aufgehalten werden, bequem niederschießen kann. Man kann sagen, daß »die Wichtigkeit der zusätzlichen Verteidigungsanlagen immer größer geworden ist. Deswegen muß die Infanterie mit den nötigen Werkzeugen ausgestattet sein, um diese Art Verteidigungsanlagen zu bauen. Und da die Eisendrähte eine der wirksamsten und am einfachsten herstellbaren Verteidigungsmechanismen sind, scheint es nützlich, daß die Bataillone immer über einige Rollen Eisendraht verfügen.«[22]

Stacheldrahtverhaue zur zusätzlichen Verteidigung kommen erstmals während des Deutsch-Französischen Kriegs von 1870 zum Einsatz, was in den Schriften zur Kriegstaktik und den Vermerken des französischen Kriegsministeriums äußerst positiv aufgenommen wird. Es handelt sich hierbei allerdings noch nicht um Stacheldraht im eigentlichen Sinne, sondern um einen einfachen glatten Draht. Während des Krieges zwischen Japan und Rußland 1904-1905 in der Mandschurei werden die provisorischen Befestigungsanlagen von beiden Seiten intensiv benutzt und wirken sich entscheidend auf den Kriegsausgang aus. Viele Fachleute sind der Meinung, daß man aus dem Verlauf dieses Konflikts wichtige Lehren für die spätere Kriegstaktik ziehen kann. Einige sind überzeugt, daß es sich bei zukünftigen europäischen Kriegen vor allem um einen Wettkampf des Kriegsmaterials handeln wird, während die Armeen sich in zurückgezogenen Stellungen verschanzen. »Die Verteidigung der Linien von Chiuchampu war von den Russen seit Beginn der Kriegshandlungen geplant und von den Pioniertruppen sorgfältig ausgeführt worden. [...] Zahlreiche starke zusätzliche Verteidigungsanlagen vervollständigten die Anlagen [...] Drahtverhaue und Stacheldraht, einfache Fallgruben und solche mit Pfählen, Minen, die elektrisch in Brand gesteckt werden können. Mit einem Wort, alle gängigen Arten wurden verwendet und gaben diesen Stellungen eine besondere Wirksamkeit.«[23]

Auf den ersten Blick erscheint der Drahtverhau als beste zusätzliche Verteidigungsanlage. Er hindert die feindlichen Soldaten am wirkungsvollsten daran, schnell vorwärts zu kommen, ohne von weither sichtbar zu sein, hält dem Artilleriefeuer stand und ist preiswert und einfach zu bauen.

»Ich möchte hierzu nur anmerken, daß die wirkungsvollsten zusätzlichen Verteidigungsanlagen für den Krieg auf offenem Feld die Stacheldrahtverhaue sind; sie sind mehr oder weniger uneinnehmbar und durch Artilleriefeuer so gut wie nicht zu zerstören. Sie sind für den Angreifer das ernstzunehmendste Hindernis.«[24]

Der Stacheldraht und der Erste Weltkrieg

Die französische Kriegsführung entscheidet sich 1914, trotz aller Lehren, die sie aus den verschiedenen »prä-modernen« Kriegen hätte ziehen können, für die alles entscheidende Offensive, schnelle Truppenbewegungen und den Durchbruch der feindlichen Linien als Kriegsstrategie. Als die Front ab September zum Stillstand kommt, müssen die meisten französischen Schützengräben improvisiert werden, sie sind nicht tief genug, haben keine Verbindungsgräben und vor allem keine zusätzlichen Verteidigungsanlagen. Die ersten Verschläge werden aus »Drähten gebastelt, die die Soldaten in den Dörfern gefunden haben«.[25]

Dagegen haben die Deutschen, obwohl auch sie eine offensive Strategie verfolgen, die Wichtigkeit der taktischen Verteidigungsphasen besser erkannt, so daß ihre Schützengräben wesentlich ausgearbeiteter, solider und »komfortabler« sind. »Ihre Schützengräben mit ihren Drahtgestrüppen tauchen ab Anfang des Krieges in Lothringen und den Ardennen auf.«[26] Was General Foch zu der Äußerung veranlaßt: »Wir müssen die deutschen Verteidigungsanlagen nachahmen, die tief genug sind, wirksam und von Drahtverhauen gut geschützt werden.«[27]

Trotz der unterschiedlichen Organisation der Schützengräben lassen sich einige allgemeine Merkmale im Verteidigungsnetz feststellen. Es geht darum, anderthalb bis zwei Meter hohe Pfosten, die in einem Abstand von zwei bis drei Metern in die Erde gerammt werden, mit Eisendrähten zu verbinden. Ein solcher Verhau sollte mindestens dreißig Meter groß sein, damit der Verteidiger Zeit genug hat, sich im Falle eines Angriffs zu organisieren. Jede Pfostenreihe steht versetzt zur nächsten, was von oben betrachtet wie ein Muster aus aufeinanderfolgenden Rauten aussieht. Der Fuß eines Pfostens wird jeweils mit der Spitze eines anderen verbunden, so daß der Raum in allen Richtungen durchtrennt wird. Manchmal werden kleinere Pfosten zwischen die großen eingefügt, um die Zwischenräume zu verkleinern.[28] Man benutzt mehrere Arten von Drähten, vor allem eine Mischung aus Stacheldraht, der damals »künstlicher Brombeerstrauch« *[ronce artificielle]* genannt wurde, und aus

I. Drei historische Meilensteine

glattem unterschiedlich dickem Eisendraht. Es ist aus ökonomischen Gründen eher selten, daß eine Verteidigungsanlage vollkommen von Stacheldraht überzogen ist, doch bleibt der Stacheldraht eines der wichtigsten Bestandteile jeder Verteidigungsanlage.

Der »künstliche Brombeerstrauch«, der von der Armee benutzt wird, ist nicht unbedingt von der selben Art wie der Stacheldraht, der zum Einzäunen der Felder dient. Sie unterscheiden sich hauptsächlich durch die Anzahl von Stacheln pro Meter: sieben Stacheln für den »leichteren« Draht, der für die Landwirtschaft verwendet wird, vierzehn für den »starken Stacheldraht« und neunzehn für den »Irokesen-Draht«. Dazu gibt es besonders widerstandsfähige Eisendrähte, die die Aufmerksamkeit des Militärs auf sich ziehen, zum Beispiel ein Stacheldraht mit quadratischem Profil.[29]

Paradoxerweise hängt die taktische Wichtigkeit des Stacheldrahts mit der Leichtigkeit des Materials zusammen. Er ist unauffällig. Selbst tagsüber ist es für die feindlichen Flugzeuge und Heißluftballons schwer, ihn ausfindig zu machen, und die Soldaten werden oft getäuscht. »Die ersten Toten sind gefallen, ohne überhaupt den Feind erblickt zu haben […] Woher kommen die Schüsse? Unmöglich, das festzustellen, die feindlichen Schützengräben sind unsichtbar.«[30] Nachts kann es passieren, daß die Soldaten die Schützengräben erst bemerken, wenn sie sich schon in seinem Stacheldraht verfangen haben.[31] Hinzu

kommt, daß die Drahtverhaue mit Büschen oder künstlicher Vegetation getarnt werden.
Leicht wie er ist, hält der Stacheldraht Bombardierungen gut stand. Dank seiner Geschmeidigkeit verbiegt er sich, anstatt zu reißen. Doch selbst ein zerstörter Stacheldrahtverhau bleibt noch ein großes Hindernis. Während ein teurer Abwehrwall unter den Bomben in sich zusammenstürzen würde, werden die Explosionen von den Drahtverhauen geradezu geschluckt. Das erklärt, warum ein Granatenhagel notwendig ist, um einen Teil des Drahtverhaus zu begraben und den Angriff zu ermöglichen.
Stacheldraht ist billig, und man kann mit ihm leicht einen dreißig Meter breiten und zwei Meter hohen Wall auf Hunderten von Metern Länge bauen. Trotzdem wird er nur ein Minimum an Raum ausfüllen, das heißt einzig die Linien, die zwischen dem Fuß eines Pfahls und dem oberen Ende des nächsten gezogen werden. Der Eisendrahtverhau ist eine geometrisch geniale Idee, sein Wesen besteht in reiner Wirksamkeit, die alles Überflüssige und Imposante wegläßt, die Verteidigungsmauer aushöhlt und nur ein feines Metallskelett stehen läßt.
Er läßt sich einfach reparieren und ersetzen. Man kann an den Verhauen gut nachts oder bei Nebel arbeiten. Wenn die Schützengräben zu nahe beieinander liegen (in einem Abstand von manchmal weniger als dreißig Metern), kann man Abwandlungen des klassischen Stacheldrahtverhaus über die Brustwehr schleudern, vor allem den »*Brun*« genannten Verhau, eine Art Radkranz, der aus einem großmaschigen Netz aus nacktem

I. Drei historische Meilensteine

oder mit Stacheln versehenen Eisendraht besteht. Er hat die Form eines Kranzes mit einem Durchmesser von ungefähr einhundertfünfunddreißig Zentimetern, der sich schnell ausrollen läßt oder sich von selbst entrollt und eine Länge von ungefähr dreißig Metern erreicht. »Das Ganze bildet eine unförmige, zerklüftete und fast unüberwindliche Masse.«[32] Man wirft auch spanische Reiter[33] und zusammenfaltbare Drahtverhaue, »Betbruder« genannt, über die Brustwehr, die vor dem Schützengraben eine Art Rost aus Stacheldraht bilden.

Trotz ihrer Leichtigkeit sind die Stacheldrahtverhaue extrem wirksame Hindernisse. »Um 14 Uhr sollte ein Bajonettangriff auf den deutschen Schützengraben stattfinden [...]. Wozu soll dieser Angriff gut sein, (fragen sich die Soldaten), wir werden nie zum Schützengraben durchkommen, da die Drahtverhaue uns daran hindern und uns dazu verurteilen, an Ort und Stelle erschossen zu werden.«[34] Bis zum Ende des Krieges sucht man nach Methoden, um den Stacheldraht zu zerstören. Die »einfachste« besteht natürlich darin, den Draht mit einer großen Schere durchzuschneiden, was allerdings eine sehr harte Arbeit ist und fast schon als Selbstmordkommando angesehen werden kann.

Doch ein wacher technischer Erfindungsgeist ermöglicht es, Zerstörungsmethoden auszuarbeiten, die aus der Entfernung funktionieren, wie zum Beispiel Landtorpedos auf Rädern, die Kellerassel *(»Cloporte«)* oder »Krokodil Schneider«, die unter dem Drahtverhau explodieren sollen. Es werden auch gepanzerte Traktoren, Planierwalzen, »*Claude*«-Bomben und als Schilder benutzte Schubkarren zum Schutz vor Autogenschweißbrenner verwendet. Die Engländer sind spezialisiert auf Techniken zur Überquerung der Stacheldrahtverhaue, vor allem dank des *Barbed Wire Traversor*, eine Art große, dichte und widerstandsfähige Decke, die über den Verhau geworfen wird und auf der man laufen oder kriechen kann. Die vielleicht erstaunlichste Erfindung ist der Sturmtorpedo von Leutnant Mattéi. Dabei wird ein kleiner Anker bis hinter den Verhau geworfen, von dem ein gepanzerter Sprengkopf entlang eines Seilbahndrahtes hochgezogen wird, der locker verbundene Sprengsätze hinter sich herzieht und über zehn Meter schlangenartig weiter vorangleitet. Die Explosion dieser Sprengstoffladungen soll einen Angriffsweg in den Drahtverhau sprengen. Bis zum Aufkommen des Panzers jedoch bleibt die ununterbrochene Bombardierung mit 75er Granaten die beste Methode zur Zerstörung der Eisendrahtverhaue. Mit dem Einsatz von Panzern wird der Stacheldraht wieder zu einem zweitrangigen Verteidigungsmittel. Um ihnen standzuhalten, muß sich die Verteidigung nun wieder auf die materielle Stärke der Schutzwälle und den Stahlbeton der Bunker verlassen können.

Von Frontsoldaten und Stacheldraht
In Kriegserzählungen, Romanen von Soldatenschriftstellern oder Briefen einfacher Frontsoldaten taucht der Stacheldraht auf zwei unterschiedliche Arten auf.

I. Drei historische Meilensteine

Da ist einerseits die Gefahr, die er sowohl in der Verteidigung als auch im Angriff darstellt. Die Reparaturarbeiten an den Drahtverhauen sind besonders gefährlich, da der Soldat ungedeckt ist und verirrten Kugeln, Granatenexplosionen oder auf Kopfschüsse spezialisierten Scharfschützen direkt ausgesetzt ist. »Oft hört man den Gegner an seinem Drahtverhau arbeiten. Dann schießt man rasch hintereinander dorthin, bis die Kammer des Gewehres entladen ist. Nicht nur, weil es befohlen ist, man empfindet auch eine gewisse Befriedigung dabei. ›Jetzt sitzen sie drüben aber in Druck. Vielleicht hast du sogar einen getroffen.‹ Auch wir ziehen fast jede Nacht Draht und haben häufig Verwundete. Dann fluchen wir auf diese gemeinen Schweine von Engländern.«[35]

Aber der Stacheldraht wird für die Angreifer vor allem dann zum Alptraum, wenn sie das Niemandsland vor den Schützengräben durchquert haben, notdürftigen Schutz in Bombenkratern suchen und darauf warten, daß der restliche Stacheldraht durchgeschnitten wird... oder auch nicht. »Jeder Angriffstrupp besteht aus einem Leutnant, hinter ihm sieben Pioniere ohne Gewehr, in der einen Hand einen Schutzschild, in der anderen eine Blechschere (um den Stacheldraht durchzuschneiden) [...] Einige von ihnen erreichen den Stacheldraht um zu merken, daß sie zu dick sind, um hindurchzukommen!«[36] Das ist der Augenblick, in dem der Tod über die Soldaten, die vor dem Stacheldraht festsitzen, hereinbricht: sie werden vom feindlichen Feuer niedergemetzelt. »Den Angriffen gehen manchmal tagelang dauernde Vorbereitungen der Artillerie voraus […] Trotzdem wird die Infanterie bei ihrem Angriff oft von Maschinengewehrfeuer niedergemäht und die Infanteristen bleiben in den weiter hinten liegenden, noch intakten Drahtverhauen hängen.«[37]

Der Stacheldraht ist außerdem Teil eines Komplexes ästhetischer Motive, die immer wiederkehren: Bilder des Desasters, die sich ins Gedächtnis der Soldaten eingebrannt haben, die plattgewalzte Landschaft, zerfetzte Körper.[38] Der trostlose Anblick der von Granaten durchpflügten Landschaft gibt Anlaß zu Beschreibungen, die, weit mehr als nur die Verwüstung zu beklagen, das Erhabene, ja Ungeheure der Entfesselung der modernen Technik darzustellen versuchen. In den Bombenkratern und dem Schlamm des Niemandslandes mit seinen entwurzelten Bäumen und seinen zigmal zerstörten Dörfern enthüllt sich die wesentliche Unmenschlichkeit der industriellen Welt, ihre unglaubliche Zerstörungskraft, gegenüber der das Individuum von Bestürzung überwältigt wird. Das Niemandsland wird zu einem »Kunstwerk« für und durch denjenigen, der es betrachtet und beschreibt, und der Stacheldraht ist ein wesentliches Element dieser Alptraumbilder. »Ich schaue durch die Scharte und erblicke im bleichen Lichtdunst, den der Meteor ausgestreut hat, die Pfosten und sogar die dünnen Linien der Drähte, die sich von einem Pfahl zum anderen hin kreuzen. Es sieht aus wie ein Gesudel von gekritzelten Federstrichen, das sich über die fahle und durchlöcherte Landschaft ausbreitet.«[39]

I. Drei historische Meilensteine

Doch das Niemandsland ist nicht verlassen. Es wird von den sterbenden Soldaten, von Leichen und Leichenteilen bewohnt. Ein Bild kehrt immer wieder: das eines lebenden oder toten Körpers, der sich im Stacheldraht verfangen hat. »Ach, was diese Tintenspione, die über den Krieg schreiben, nicht alles für schöne Ausdrücke erfinden! ... In der Sonne sterben, das ist 'ne Sache! ... Ich möchte mal erleben, wie einer von denen mit offenem Maul im Stacheldraht krepiert, dann würde ich ihn auffordern, die Landschaft zu bewundern.«[40]

Die Toten, die sich im Stacheldraht verfangen haben, bleiben weithin sichtbar und künden von dem Los, das auf die Bevölkerung der Schützengräben, ob Freund oder Feind, wartet. Dieser Anblick kann so unerträglich werden, daß die Soldaten ihr Leben riskieren, um ihre toten Kameraden aus dem Stacheldraht zu befreien. »Einer unserer Offiziere hängt im deutschen Stacheldraht und wir haben versucht, seine Leiche zu holen wobei viele mutige Soldaten ihr Leben verloren haben.«[41]

Das Bild eines entstellten und verwesenden Körpers, der sich im Stacheldraht wie in einem Spinnennetz verfangen hat, führt dem Frontsoldaten die Absurdität und die Trostlosigkeit seiner Situation vor Augen. »Hunderte von Toten, hauptsächlich aus der 37. Brigade, waren über den Stacheldraht verteilt wie die Wrackteile eines gestrandeten Schiffes. Die meisten von ihnen waren im feindlichen Stacheldraht gestorben, wie Fische, die sich im Netz verfangen haben. Sie hingen dort in grotesken Stellungen. Bei einigen konnte man denken, sie würden beten:

sie waren auf den Knien gestorben, und der Stacheldraht hielt sie davon ab, vornüber zu kippen.«[42]

Der Stacheldraht ist eine herausragende Figur in der Erinnerung an den Ersten Weltkrieg. Trotzdem kann man nicht sagen, daß er zu seinem Symbol geworden ist. Weder ist er zur Metapher des Ersten Weltkriegs noch zu der der Schützengräben geworden. Man kann allerdings von einer »künstlerischen« Funktion des Stacheldrahts sprechen, insofern er die monströse Erhabenheit der durch den modernen Krieg entfesselten Kräfte der absoluten Zerstörung verkörpert. Der Stacheldraht erhält in den Erzählungen und Bildern des Krieges nur als Teil eines ästhetischen Ganzen seine Bedeutung. Zum universalen Symbol wird er erst durch die entscheidende Rolle, die er im Herzen der modernen Katastrophe gespielt hat: in der absoluten totalitären Erfahrung der Konzentrations- und Vernichtungslager der Nazis.

Das Lager

Die Errichtung eines Lagers

Die Lager der Nazis waren nicht alle gleich. Sie wurden weder alle zur selben Zeit, noch in denselben Gegenden oder mit denselben Zielen errichtet. Einige Lager wurden am Anfang des Dritten Reichs (Dachau bereits 1933), andere mitten im Krieg (Treblinka 1942) errichtet. Einige waren weitab gelegen, an-

I. Drei historische Meilensteine

dere in der Nähe von Dörfern oder Städten. Und trotz der unangefochtenen Herrschaft der SS gab es Unterschiede zwischen den Internierten der verschiedenen Lager und den Bedingungen, unter denen sie leben mußten.

Dessen ungeachtet wurden die Lager überall nach einem ähnlichen Prinzip errichtet. Buchenwald kann als klassisches Modell des KZs gelten. Es besteht aus einer ungefähr rechteckigen Fläche, auf der Barackenreihen den Appellplatz umschließen, der einem großen Tor gegenüberliegt. Das Lager ist von einem doppelten, etwa vier Meter hohen elektrischen Stacheldrahtzaun umgeben. Dieser Zaun wird ununterbrochen von Wachtürmen aus überwacht, die außerhalb der Absperrung in einem Abstand von achtzig Metern zueinander stehen. Die Wächter sind mit automatischen Maschinengewehren und starken Scheinwerfern ausgerüstet, die auf die Umzäunung gerichtet sind. Die Lagerverwaltung (Kommandantur) sowie Kasernen und Villen der SS befinden sich außerhalb des Lagers, jedoch in seiner Nähe. In groben Zügen findet sich diese Anordnung – Baracken, doppelter elektrischer Stacheldrahtzaun, Wachtürme – in allen Lagern der Nazis wieder. Sie kennzeichnet die typische »Landschaft« der Konzentrationslager.

Das zentrale Element der Lagerkonstruktion ist der Stacheldrahtzaun (es geht hier natürlich nur um die »Architektur« des Lagers, nicht um die Behandlung seiner Insassen), was sich aus der Bedeutung des Stacheldrahts während der Errichtung des Lagers erklärt. Auch wenn manchmal das Lager und seine Absperrung gleichzeitig errichtet werden. So in Belzec: »Während wir, die Polen, die Baracken bauten, errichteten die Schwarzen (die Ukrainer) den Lagerzaun, der aus Pfählen bestand, die durch ein dichtes Netz von Stacheldraht verbunden waren«.[43] Das Lager ist kein Lager, solange der Stacheldraht fehlt. »Mit der Anlage der elektrisch geladenen Stacheldrahtumzäunung war die erste Etappe der äußeren Einrichtung des KZ Buchenwald abgeschlossen.«[44]

Ein weiteres Beispiel ist die Errichtung des Lagers Majdanek. Das Projekt sah die Errichtung eines großen klassischen Konzentrationslagers im Herbst 1941 vor (später fanden in Majdanek allerdings auch Vergasungen statt). In der ersten Phase »wurden fünftausend sowjetische Soldaten (…) wie Vieh auf einem großen, mit Stacheldraht abgezäunten Feld eingepfercht«,[45] im Freien, ohne Schutz gegen die Kälte und ohne sanitäre Einrichtungen. Jeden Tag starben Hunderte von ihnen, und Ende November waren nur noch 1.500 übrig. So ist das Lager, abzüglich all seiner Kontext- und Zweckbestimmungen, ein geschlossener Ort, an dem das absolute Elend organisiert wird, an dem die Menschen zu vernachlässigtem Vieh werden. Den Konzentrationslagern »ist gemein, daß die Menschen dort so behandelt werden, als ob sie nicht mehr existierten, als ob das, was mit ihnen geschieht, nicht mehr und für niemanden zähle, als seien sie bereits gestorben und als amüsiere sich nun, bevor sie zur ewigen Ruhe gelassen werden, noch irgendein verrückt gewordener Geist damit, sie zwischen Leben und Tod noch ein wenig aufzuhalten.«[46] Man sieht: das Lager und der Stacheldraht sind eins.[47]

I. Drei historische Meilensteine

Die Lager werden nicht für lange Dauer errichtet, es soll weder etwas gebaut noch gegründet werden. Selbst ein großes Lager darf sich nicht im Gedächtnis eines Ortes festsetzen, es ist da, ohne wirklich da zu sein. Seine Vergänglichkeit besteht darin, daß es wie ein Zelt auf den Boden gestellt ist und von einem Tag auf den anderen wieder abgebaut werden kann. »Buchenwald ist eine chaotische Stadt, eine Art nicht zu Ende gebaute Hauptstadt, die durch seine überstürzt hingeworfenen Stadtviertel und sein wimmelndes Leben eher einem Lagerplatz gleicht.«[48] Unmittelbar erfaßt man die zentrale Bedeutung des Stacheldrahts als Material des Temporären schlechthin. Eine Mauer hinterläßt Spuren, nicht so ein Stacheldrahtzaun. Und so können viele Lager kurz vor Kriegsende vollständig abgerissen werden, so daß ihre Spuren schwer wiederzufinden sind. In Sobibor wird »wie in Belzec das Gelände umgepflügt und mit Bäumen bepflanzt, um die Spuren der Menschenvernichtung zu verwischen.«[49]

Der Stacheldraht wird in den Lagern aus ökonomischen Gründen benutzt. Er ist billig, leicht auf- und wieder abzubauen und hat tödliche Wirkung, wenn er unter Strom gesetzt wird. Doch hat der Stacheldraht auf jene, die sich innerhalb dieser »brennenden Grenze«[50] befinden, eine spezifische Auswirkung. Er ist in den Lagern mehr als nur ein Baumaterial. Er wird zum zentralen Element einer totalitären Verwaltung des Raumes.

Innerhalb der Stacheldrähte: die organisierte Verzweiflung
Die Entsetzlichkeit der Lager kann auf zwei verschiedene Arten verstanden werden, die sich gegenseitig nicht ausschließen: das Lager wird entweder zum Verlies, zum Ort der unvorstellbarsten Torturen oder zur Stadt, die ihr eigenes Universum bildet, einem Ort, an denen die totalitärste Art der Gesellschaft entsteht. Im ersten Fall geht es nicht um die Architektur des Lagers oder seine Bedeutung als politischer Raum, sondern um die extremen Handlungen, die innerhalb der Grenzen des Lagers vollbracht werden und die jede Vorstellungskraft übersteigen. Der Stacheldrahtzaun sowie alle anderen Materialien, aus denen das Lager sich zusammensetzt, werden hier zweitrangig. Im zweiten Fall steht die politische Dimension des Lagers im Vordergrund. Das Lager ist kein schwarzes Loch, sondern die materielle Verwirklichung eines totalitären Traums, eine Gesellschaft der totalen Beherrschung. In diesem Fall ist die Architektur des Lagers nicht zweitrangig, sondern verkörpert ganz im Gegenteil die totalitäre Organisation des Raumes.[51]

Innerhalb des Lagers ist der Stacheldraht das Werkzeug für eine differenzierende Strukturierung des Raumes, er bezeichnet die Trennung zwischen den verschiedenen Lagerhierarchien. In erster Linie trennt der Stacheldraht das Lager von der »normalen« Gesellschaft. »Von allen Seiten bedrängt uns die Trübseligkeit des gequälten Eisens. Grenzen haben wir noch nie gesehen, aber wir spüren um uns herum die böse Gegenwart des Stacheldrahts, der uns von der Welt scheidet.«[52] Wer

I. Drei historische Meilensteine

ein Lager betritt, muß alles vergessen, was er bis dahin gewußt hat. Wenn er überleben will, muß er schnell verstehen, daß die Werte, die seinem bisherigen Leben zu Grunde lagen, nichts mehr wert sind, daß hier eine andere Währung gilt. Er muß verstehen, daß hier »alles möglich ist«.

Primo Levi erzählt, wie er am Tag seiner Ankunft in Auschwitz seinen brennenden Durst an einem von einem Fenstersims abgebrochenen Eiszapfen zu stillen versucht. Ein Kapo stürzt sich auf ihn und entreißt ihm den Eiszapfen. Auf die Frage »Warum?« antwortet der Kapo: »Hier gibt es kein Warum« und bringt damit die völlige Andersartigkeit der Welt des Lagers zum Ausdruck.[53] Ein ähnliches Ereignis wird aus Buchenwald berichtet: eine Gruppe von Neuankömmlingen sorgt sich um den Gesundheitszustand eines Kameraden. Sie teilen dem Kapo mit, daß ihr Kamerad zu schwach sei, um den für ihn vorgesehenen Transport zu überleben. Der Kapo grinst und antwortet ohne Bosheit: »Es gibt keine Kranken, es gibt nur Lebende und Tote.«[54]

Der Pädagogik des »Alles ist möglich« wird immer ein »Hier...«, das heißt hinter dem Stacheldraht, vorangestellt. Die Gefangenen versuchen dem Neuen, der noch die Gesichtszüge eines freien Menschen trägt, die Willkür der SS zu erklären, die ihn bald um diese Gesichtszüge bringen wird. Ihm muß erklärt werden, daß er, seit er sich hinter dem Stacheldraht befindet, kein Mensch mehr ist, daß er weniger als ein Tier ist, ein einfacher Körper, ein *Kopf, ein *Stück,[55] dessen angenehmstes Schicksal sein wird, langsam zu sterben.

Und vor dem Stacheldraht, zwischen den Gefangenen und der Welt steht die SS, die es – soweit es geht – vermeidet, das Lager zu betreten. Die Organisation, Überwachung und Einhaltung der Disziplin wird größtenteils von den Gefangen selbst, übernommen, von der Lageraristokratie: Lagerältester, Blockältester, Stubendienst, Kapo... »Der SS-Apparat befindet sich außerhalb des Lagers. Die SS kontrolliert die Straßen, die in die Welt des Konzentrationslagers führen. In der Lichtung der Tannen erheben sich der Wachturm und die aufs Lager gerichteten Maschinengewehre. Entlang der Holzpfähle erheben sich am Rande des Wegs die Stacheldrahtzäune. [...] Die SS bewacht die Tore und zählt die Menschen.«[56]

Selbst im Innern des Lagers grenzt der Stacheldraht die Orte ab, die nicht den normalen Bedingungen unterworfen sind. Damit wird die willkürliche Einteilung des Raumes sichtbar gemacht. Frauen und Männer werden getrennt. Angehörige bestimmter Nationalitäten, vor allem die russischen Kriegsgefangenen, werden von den anderen isoliert. Den für die Arbeit ausgewählten Juden wird manchmal ein eigener Teil des Lagers zugeteilt, genauso wie den Handlangern der SS, den Ukrainern zum Beispiel.

Die inneren Trennungen können bestimme Sektoren isolieren, in denen »bessere« Lebensverhältnisse herrschen: das *Revier (Krankenstation) ist vom Lager systematisch durch einen elektrischen Stacheldrahtzaun abgetrennt. In der Mehrzahl der Lager bedeutet ein Aufenthalt auf der Krankenstation für den

I. Drei historische Meilensteine

Gefangenen einen Aufschub und manchmal sogar das Überleben, wenn auch nur vorläufig. In den Vernichtungslagern dagegen, vor allem in Auschwitz, ist die Krankenstation besonders gefährlich. Einerseits werden durch die häufigen Selektionen die Sterbenden direkt in die Gaskammern geschickt, andererseits werden die Kranken von den Nazi-Ärzten oftmals für Experimente verwendet.

Vor allem jedoch markiert der Stacheldraht den Eingang zu einem neuen Höllenkreis. In Buchenwald liegt die erste Schwelle im »kleinen Lager«, einem von Stacheldraht umgebenen Zeltlager: Hier werden die überschüssigen Gefangenen unter unvorstellbaren Bedingungen und ohne irgendwelche sanitären Einrichtungen eingeschlossen. Doch selbst innerhalb des »kleinen Lagers« kann es noch schlimmer werden: Manche Gefangenen werden in einen aus Stacheldraht bestehenden Käfig geworfen, der die »Rosenhecke« genannt wird. Hier gibt es Stacheldraht im Stacheldraht im Stacheldraht. »Dort mußten einige Opfer bei minus 30 Grad Celsius nächtlicher Kälte und minus 15 Grad am Tage den Hungertod sterben – im Angesicht ihrer Kameraden, die nicht wußten, wann sie selbst an die Reihe kommen würden.«[57]

Schließlich sind auch die Gaskammern und die Krematorien eigens von Stacheldraht umzäunt. Aus Gründen der Geheimhaltung, um das Innere zu verbergen, ist der Stacheldrahtzaun in den Vernichtungslagern mit Zweigen und Blättern durchwoben. In Sobibor und Treblinka müssen die Gefangenen durch einen ähnlich getarnten Stacheldrahtschlauch gehen, der sie in die als Duschen getarnten Gaskammern führt. »Wir erhielten den Befehl, mit ihnen zu gehen, mit den Deutschen. Sie begleiteten uns bis zur Gaskammer, die sich im zweiten Teil des Lagers befand. – War das weit? – Nein, nicht sehr weit, aber alles war getarnt: Palisaden, Stacheldrähte waren wieder mit Zweigen überdeckt worden, damit niemand sehen konnte, sich vorstellen konnte, daß dieser Weg zu Gaskammern führte. – War das der Weg, den die SS den ›Schlauch‹ nannte? – Nein, sie sagten, warten Sie … Himmelsweg.«[58]

Stacheldraht als Symbol der extremen Gefangenschaft

Stellen wir uns ein Schwarzweißphoto vor, das ein Stück Stacheldraht in Großaufnahme zeigt. Denken wir bei diesem Photo sofort an die Umzäunung einer Weide? Natürlich nicht. Der Stacheldraht als solcher ist nicht länger ein landwirtschaftliches Zubehör. Um an eine Weide zu denken, bräuchte es eine Kuh oder ein Schaf hinter dem Stacheldrahtzaun. Hingegen ist es nicht notwendig, einen Gefangen zu zeigen, um an Einsperrung zu denken, denn der Stacheldraht allein ist ausreichend, um Konzentrations- oder Gefangenenlager oder Unterdrückung im weitesten Sinne heraufzubeschwören. Er ist zum Symbol geworden, seine schematische Darstellung in Bildern und Texten besitzt Konnotationen, die ihn zu weit mehr als einem bloßen Gegenstand machen. Durch geschichtliche Anhäufung ist er zu einer Metapher für politische Gewalt geworden, welche die modernen Katastrophen, die Ausrottung der Indianer,

I. Drei historische Meilensteine

das Gemetzel von 1914-1918 und den Genozid durch die Nazis miteinander verbindet. So schreibt Primo Levi nach der Befreiung von Auschwitz: »Freiheit. Die Bresche im Stacheldraht gab uns einen konkreten Begriff davon.«[59]

In Frankreich bleibt der Stacheldraht nach Kriegsende weiterhin tief mit der traumatischen Erfahrung der deutschen Besatzung verbunden. 1946 können die Besucher des Bois de Boulogne es kaum ertragen, daß der französische Geheimdienst und die Spionageabwehr (zu jener Zeit die SDECE),[60] welche die Gebäude am Boulevard Seuchet bezogen haben, die Stacheldrahtzäune und andere von der deutschen Kriegsmarine dort angebrachten Verteidigungsanlagen beibehalten. »Diese Stacheldrähte und Mauern wecken unangenehme Erinnerungen. Wir lieben es, uns frei in Paris bewegen zu können. Wir akzeptieren die Sackgassen als urbanes Naturgesetz, aber wir können uns nicht an die Stacheldrähte des Bois de Boulogne gewöhnen. Ein solches Vorgehen ist schockierend. Wenn die Gebäude der DGER [sic][61] beschützt werden müssen, darf das nicht auf die Art und Weise der einstigen Besatzer geschehen. Und wir Pariser, die wir den Bois lieben, bedauern es, daß man hier derart geschmacklose Einbahnstraßen bewahrt hat.«[62]

Deportierte und Kriegsgefangene verwenden den Stacheldraht nach dem Krieg als Symbol ihrer Andersartigkeit, ihrer Aktivitäten und Sorgen. Kurz nach Kriegsende ist die Situation für diejenigen, die aus der Gefangenschaft wiederkehren, schwierig. Das Stigma der Niederlage klebt an der Würde der ehemaligen Kriegsgefangenen, und die Deportierten bleiben durch die Lagererfahrung, die nicht aufhört, sie zu verfolgen, von den anderen Menschen isoliert. Es ist für diese »Heimkehrer« oftmals schwer, eine Arbeit oder auch nur Unterstützung zu finden. Um sich vom Rest der Bevölkerung zu unterscheiden, beschließen einige von ihnen, einen »Miniaturstacheldraht«[63] im Knopfloch zu tragen. Viele ehemalige Gefangene und Deportierte versuchen, ihre Erfahrungen und deren politische Folgen in neu gegründeten Zeitschriften mitzuteilen.[64]

Die Einbände von Büchern über die Lager zeigen häufig Abbildungen von Stacheldrähten. Diese Abbildungen oder Photographien zeigen den Stacheldraht als zentrales Element, das ausreicht, das Lager zu evozieren, und dies sogar besser vermag als ein Lagerplan oder eine Luftaufnahme.[65] Oft ist der Stacheldraht gezeichnet oder stellt den Schriftzug des Lagernamens dar. Manchmal wird die Abbildung von Stacheldraht über ein Photo gelegt.[66] Viele Einbände benutzen nur eine minimale und schematisierte Darstellung eines kurzen Stücks Stacheldraht, die ausreicht, den Inhalt des Buches anzukündigen. So zum Beispiel ist der Einband von Annette Wievorkas *Déportation et genocide. Entre la mémoire et l'oubli* weiß, mit einem Stück stilisierten Stacheldraht in der Mitte. Die Titelseite von Andrzej Kaminskis Buch, das die Geschichte der Konzentrationslager bis 1896 zurückverfolgt, besteht aus vier Stücken Stacheldraht in Großaufnahme vor einem roten Hintergrund.[67]

I. Drei historische Meilensteine

Der Stacheldraht ist zu einem fast schon universalen Symbol der Lager und der faschistischen und totalitären Gewalt geworden. Und dies nicht nur aufgrund seiner Funktionalität bei der Aufteilung des Raumes, sondern auch durch seine starke Aussagekraft. Seine Funktion wird von seiner Form veranschaulicht. Er ist ein Strich, der einen Raum begrenzt und suggeriert unmittelbar die Idee von Freiheitsberaubung (so wie das auch Gitterstäbe täten). Er ist ein bösartiger und aggressiver Strich, dessen Spitzen die Messer der Macht darstellen. Striche und Spitzen, Gitterstäbe und Messer drücken seine Bestimmung zu Gewalt und Unterdrückung aus.

Diese Ausdruckskraft des Stacheldrahts ist der Grund dafür, daß einige Formen von Konzentrationslagern nicht als Lager empfunden werden, weil sie nicht von Stacheldraht umgeben sind. Joë Nordmann erzählt in seinen Memoiren, daß er den Zeugenaussagen von Margarete Buber-Neumann über die sowjetischen Lager während des Kravtchenko-Prozesses keinen Glauben geschenkt hat. Daß ein Lager zweimal so groß sein könnte wie Dänemark, war »unvorstellbar« für jene die dem Regime blind vertrauten. »Wovon sprach sie denn da? War das ein stalinistisches Konzentrationslager? Ohne Mauern, ohne Stacheldraht, in dem man sich frei bewegen konnte?«[68]

Der Stacheldraht ist weder das einzige, noch das »beste« Symbol der Lager und der Unterdrückung. Das Lager beschränkt sich nicht nur auf den Stacheldraht, es ist im Gegenteil eher der Stacheldraht, der eng mit dem Konzentrationslager verwachsen ist. Aber die Symbolkraft des Stacheldrahts neigt dazu, die

Beziehung zwischen Symbol und Ereignis umzukehren. Es heißt nicht mehr: »Da wo es Stacheldraht gibt, wird Macht brutal ausgeübt«, sondern: »Man kann brutale Machtausübung an der Anwesenheit von Stacheldraht oder vergleichbaren Vorrichtungen erkennen«. Und so ist es gerade die Tatsache, daß der Stacheldraht eine exklusive Symbolkraft bekommen hat, die uns dazu bringt, uns zu fragen, ob es nicht andere, analog funktionierende Methoden zur Beherrschung des Raumes gibt, die zwar diskreter, aber deswegen nicht weniger gewaltsam sind.

II. Der Stacheldraht und die politische Verwaltung des Raumes

Der Stacheldraht ist ein Werkzeug. Er ist nichts weiter als ein Werkzeug, insofern er nicht von sich aus eine Bestimmung hat, sondern auf eine spezifische Art eine bereits bestehende allgemeine Aufgabe verwirklicht, nämlich die der Begrenzung des Raums.
Die Verwendung des Zauns in der Landwirtschaft gilt der Verteidigung eines produktiven Raumes gegen Angriffe von außen. Ein Bauer umzäunt sein Land, um das unerwünschte Eindringen wilder Tiere, Herden oder Diebe zu verhindern, welche seine Felder, seinen Besitz oder sein Leben bedrohen. Darüber hinaus grenzt er einen Außenraum, der als gefährlich empfunden wird, von einem beruhigenden, weil beschützten Innenraum ab. Das Umzäunen ist insofern eine politische Handlung, als sie ein Privateigentum kennzeichnet, somit an der wirksamen Verwaltung des Eigentums teilhat und die sozialen Unterschiede unterstreicht.

Die Teilung des Raumes durch einen Zaun besteht aus zwei Elementen, einem statischen und einem dynamischen. Das statische Element ist die rein materielle Existenz des Zauns, als Markierung eines Eigentums oder eines besonderen Raums. Es produziert die Abgrenzung nicht, sondern signalisiert sie nur. Das dynamische Element dagegegen entspricht der tatsächlichen Hervorbringung einer Differenz im Raum. Es ist die Macht des Zauns, Eindringlinge aktiv abzuwehren. Eine Umzäunung hat in diesem Fall gleichsam den Charakter einer Handlung.

Die allgemeine Problematik, die zur Entwicklung des Stacheldrahts geführt hat, ist die einer Verbindung zwischen dem Zeichen als einem materiellen Element und dem Element der wirksamen Handlung. Im amerikanischen Westen war in Anbetracht der geographischen Bedingungen und der Unendlichkeit der Flächen eine Art von Einfriedung nötig, die bei geringen Kosten hohe Leistungsfähigkeit versprach. Mit dem einem möglichst leichten Material sollten die Feinde so wirksam wie möglich zurückgedrängt werden. Und der Stacheldraht, das Resultat dieser Suche nach maximaler Wirksamkeit, löst eine Reihe von entscheidenden politischen Folgen aus.

Er radikalisiert die Bedeutung der Aufteilung des Raums. Er konzentriert die ausgeschlossenen Elemente, egal ob es sich um Menschen oder Tiere handelt. Und er unterstreicht durch seine Leichtigkeit die Beziehung zwischen Begrenzung und Überwachung, eine allgegenwärtige Verbindung, deren aktuelle politische Auswirkungen immens sind.[69]

II. Der Stacheldraht und die politische Verwaltung des Raumes

Eine Grenze zwischen Leben und Tod

Der Stacheldraht ist Bestandteil eines Dispositivs des Ein- und Ausschlusses. Seine Funktion ist es, die Trennung zwischen einem Innen und einem Außen zu untermauern, die durch ein bestimmtes Dispositiv hervorgerufen wird. Der Stacheldraht heftet sich an bereits existierende Dispositive – Trennungen als Schutz der Felder und Herden, Trennung zwischen Indianern und Weißen, Schützengräben und Einsperrung –, mit dem Ziel, deren disjunktive Wirksamkeit zu steigern.

Man kann sich also die Frage stellen, wie der Stacheldraht von einem einfachen Behelfsmaterial zu einem zentralen Element der Grenze zwischen Leben und Tod geworden ist, und somit Eingang fand in die modernen Prozesse radikaler Trennung.

Die Indianer, die deutschen Landser oder französischen Frontsoldaten und die Lagerinsassen sind nicht »einfach« aus der Gesellschaft ausgeschlossen und an ihre Peripherie gedrängt worden. Hier werden weder Bürger zweiten Ranges noch Menschen mit minderen Rechten definiert. Innerhalb oder außerhalb vom Stacheldraht zu stehen, bedeutet für sie keine Verschlechterung ihrer Lage, sondern überhaupt keine Lage. Sie haben es nicht mit einem schwierigen Leben zu tun, sondern mit einem gewaltsamen oft qualvollen Tod.

Für Tocqueville ist die Dynamik des radikalen Ausschlusses, unter dem die Indianer leiden, die Kehrseite eines ebenso radikalen Einschlusses. Die amerikanische demokratische Gesellschaft beruht für ihn auf der Gleichheit der Bürger als Bürger.

All denjenigen, die das Spiel des Staatsbürgertums, so wie es in der Verfassung festgelegt ist, spielen wollen, wird die Gleichheit der Rechte zugesprochen (es handelt sich natürlich nicht um eine tatsächliche Gleichheit). Diese Dynamik des Einschlusses in die Gesellschaft ist in Amerika von einer nie dagewesenen Macht, denn auf dem als unberührt angesehenen amerikanischen Kontinent vermag sich ein Prinzip entfalten, das universal gelten kann und keiner reaktionären oder traditionellen Ordnung unterworfen ist. Dieses Prinzip wird sozusagen auf ein geographisch und historisch unberührtes Gebiet katapultiert.

Doch das amerikanische Land ist nicht unberührt. Es wird von einer Zivilisation bewohnt, die sich im Einklang mit ihren Werten und politischen Prinzipien befindet. Doch besteht keine Möglichkeit für ein Zusammentreffen zwischen dem universalen Eroberer und dem ihn erwartenden Einzelnen. Den Indianern bleibt nichts anderes übrig, als vor der geographischen Einschreibung des Universalen bis an die Grenzen des Kontinents zurückzuweichen, bis ihnen nichts anderes übrigbleibt, als zu sterben.[70] Der Vorgang des demokratisch-liberalen Einschlusses hat aufgrund seiner angestrebten Universalität radikale Grenzen. Seine Ränder sind Abgründe. »Alles scheint darauf hinzuweisen, daß die einschließende Bewegung, auf der sich die demokratische Gesellschaft gründet, gleichzeitig eine Grenze zeichnet, einen Rand, an dem sich die einschließende Energie radikal umkehrt.«[71]

II. Der Stacheldraht und die politische Verwaltung des Raumes

Allerdings beschränkt sich die Natur dieser Teilung nicht einfach auf einen juristischen Unterschied. Daß die Indianer sterben müssen, hängt nicht so sehr davon ab, daß sie nicht vom demokratischen Rechtssystem geschützt sind, sondern davon, daß sie sich außerhalb jenes Gebiets befinden, in dem das menschliche Leben (und das der Tiere) geleitet, aufgewertet und stimuliert wird, und zwar durch einen Komplex von Machtmitteln, den Michel Foucault als Biopolitik bezeichnet hat. Die neue Sorge der Macht um Demographie, Gesundheit und Wohnverhältnisse der Bevölkerung entwickelt sich gegen Ende des 18. Jahrhunderts, teilweise durch die wachsende Bedeutung der Qualität und Quantität der industriellen Arbeitskraft. Der Wechsel ist entscheidend: neben der Macht des Souveräns entwickelt sich eine neue Macht. »Diese Macht ist dazu bestimmt, Kräfte hervorzubringen, wachsen zu lassen und zu ordnen, anstatt sie zu hemmen, zu beugen oder zu vernichten.«[72]

Der große Erfolg des Stacheldrahts in den Vereinigten Staaten hat teilweise mit seiner Übereinstimmung mit biopolitischen Zielen zu tun. Anfangs brauchen die Farmer Zäune, um ihr Eigentum abzugrenzen und es gegen die Außenwelt, hauptsächlich gegen die frei grasenden Herden zu verteidigen. Um nicht den Zorn der Viehzüchter auf sich zu ziehen, wird ein Stacheldraht benutzt, der die Tiere nicht verletzt. Dies ist eine Neuerung gegenüber den ersten Modellen, die einfach nur dazu da wareb, die Tiere daran zu hindern, in die Felder einzubrechen. Sie waren dementsprechend für die Tiere fast unsichtbar, und ihre zu langen eisernen Stacheln verursachten schwere Wunden, die für die sich selbst überlassenen Tiere in der Prärie oft tödlich waren. »Als das Problem von einer neuen Seite betrachtet wurde, entschlossen sich die Hersteller, den Stacheldraht besser sichtbar zu machen und damit die Gefahr von Verletzungen zu mindern. Auch wenn es sich hierbei um eine Verbesserung des Stacheldrahtprinzips handelt, wurde schnell ein neues Produkt vorgeschlagen und mehrere Arten von weniger gefährlichem und deutlich sichbarem Draht hergestellt.«[73]

So zeigte sich, daß der Stacheldraht flexibel genug ist, um sich verschiedenen, ja sogar gegensätzlichen Zielen anzupassen: das Äußere zurückdrängen und das Innere beschützen. Durch die Veränderungen seiner Form und Stärke verbessert er das Verhältnis zwischen dem Zurückstoßen und dem Schaden, den das zurückgestoßene Wesen erfährt. Die Viehzüchter benutzen den Stacheldraht bald auch innerhalb der Weiden, um den Tieren einen geschützten Innenraum zu schaffen, der weitaus produktiver ist als die gefährliche offene Prärie. Die Fähigkeit des Stacheldrahts, zurückzustoßen ohne zu verletzen, ermöglicht eine schnelle Entwicklung der Viehzucht und des Ackerbaus – beides Bereiche, in denen ein gewisser »biopolitischer Komfort« herrschen muß.

Aber die zurückstoßende Wirkung des Stacheldrahts hat zwei Aspekte: Es ist unmöglich, eine Seite zu beschützen, ohne gleichzeitig die andere dadurch zu bedrohen, das Uner-

II. Der Stacheldraht und die politische Verwaltung des Raumes

wünschte zurückzustoßen und den Fremden in die Gefahren einer rauhen und wüsten Außenwelt zu treiben. Wenn es, wie Giorgio Agamben schreibt, »in jedem modernen Staat eine Linie gibt, die den Punkt bezeichnet, an dem die Entscheidung über das Leben zur Entscheidung über den Tod und die Biopolitik somit zur Thanatopolitik wird«,[74] dann erscheint der Stacheldraht als aktiver und wirksamer Operator, der ermöglicht, zwischen dem, was leben und dem, was sterben kann oder soll, auszuwählen und auszusondern.

Die amerikanische Grenze bekommt unter diesen Umständen eine ganz andere Bedeutung als in der politischen Mythologie des Wilden Westens. Sie ist nicht nur die Grenze zwischen Licht und Dunkelheit, zwischen Zivilisation und Barbarei, sondern zwischen den Weißen, die aufgrund ihrer Produktivität beschützt werden, und den Indianern, die sich aufgrund ihrer Kontra-Produktivität schuldig machen. In diesem Sinne ist der Stacheldraht insofern ein Vorreiter des kapitalistischen und industriellen Fortschritts, als er die Gesellschaft derer, die anders leben wollten, zerstört hat.

Dieser Übergang der Biopolitik zur Thanatopolitik vollzieht sich auch in den beiden anderen historischen Formen, mit denen wir uns beschäftigt haben. Er existiert sogar zweifach während des Ersten Weltkriegs. Einerseits verändert sich die Figur des Fremden, ob Franzose oder Deutscher. Der Fremde wird von der klassischen Figur des einfachen Andersseins zum Monster und absoluten Feind. Der Konflikt wird durch die Natur des modernen Kriegs, der zu einem verzweifelten Kampf ums Überleben wird, in dem der Feind im wahrsten Sinne des Wortes in Fetzen gerissen werden muß, radikalisiert. Die mit Stacheldraht gekennzeichnete Frontlinie soll das Land nicht vor einer Niederlage beschützen, sondern vor der totalen Zerstörung.

Andererseits entwickeln die Frontsoldaten, die in vorderster Linie kämpfen müssen, eine völlig eigene Identität. Unter ihnen sind jene, die über die schützenden Stacheldrähte hinaus kommen müssen, um dort zu sterben, und die anderen, hinter den Linien, die weiterhin, wenn auch unter schwierigen Umständen, das Leben genießen. Für die einen stellt sich die Alternative zwischen Freude oder Leid, für die anderen zwischen Leben oder Tod. Das Niemandsland ist der Ort – oder eher Nicht-Ort – dieser Verwandlung, dort wo sich die Menschen auflösen und zu Scheinlebenden werden.

Das Lager ist eine thanatopolitische Gesellschaft, wo der Tod der Menschen unauflösbar mit ihrer radikalen Abwertung und ihrer Verwandlung in eine (über)lebende entmenschlichte Materie verbunden ist.

Der Stacheldraht wird innerhalb der modernen politischen Trennungsdispositive zum Werkzeug einer radikalen Polarisierung. Auf der einen Seite, die wir in Anlehnung an das Feld des Bauern die innere Seite nennen, wird das Recht beschützt, die Produktion gefördert und das Leben optimiert. Auf der anderen Seite, der Außenseite, wird die Willkür angefacht, die Zerstörung ermutigt und der Tod produziert.

II. Der Stacheldraht und die politische Verwaltung des Raumes

Im Laufe der Analyse dieser drei geschichtlichen Konstellationen stellt man eine stetige Brutalisierung der Macht, ein »Sterben-Machen« im durch den Stacheldraht abgegrenzten »Außenraum« fest. Dies kann natürlich mit der allmählichen Perfektionierung der Zerstörungswerkzeuge zusammenhängen, mit denen der Indianer, der Soldat oder der KZ-Häftling jeweils konfrontiert ist. Doch das hieße, einen anderen wichtigen geometrischen Faktor außer acht zu lassen. Denn die Außenseite, die durch den Stacheldraht erzeugt wird, hat in diesen drei Fällen nicht dieselbe Form.

In den Vereinigten Staaten ist die Grenze eine Linie, die nach Westen vordrängt, gegen welche die Indianer stoßen und von der sie notgedrungen zurückweichen. Die durch die Grenze produzierte Gewalt wird durch die Möglichkeit abgemildert, ins Hinterland zu fliehen. In dem Moment, in dem diese Möglichkeit nicht mehr besteht und die Flucht unmöglich wird, hat die letzte Stunde der Indianer geschlagen.

Im Ersten Weltkrieg stellt der Stacheldraht zwei Linien dar, die gegeneinander vorgehen, zwei Grenzen, die mit der ganzen Wucht des total mobilisierten modernen Staates aufeinanderprallen. Hier entsteht ein Raum, der niemandem gehört, ein schmaler Streifen, in dem sich die Zerstörung konzentriert und in dem die Gewalt der beiden Gegner zusammenfließt. Doch es gibt Fluchtlinien. Die überlebenden Soldaten können sich hinter ihre Stacheldrahtlinien flüchten. Auch besteht im Grabenkrieg die Möglichkeit, wieder zur taktischen Bewegung des Flankenangriffs überzugehen. Ernst Jünger erzählt, wie er mit einigen Kameraden Stoßtruppangriffe auf englische Schützengräben durchgeführt hat. Mit dem Ziel, die Blockade des Positionskrieges zu durchbrechen, schmuggeln sich Elitetruppen in die feindlichen Schützengräben und bahnen sich mit Handgranaten einen Weg durch den Graben.[75]

Im Lager wird schließlich die geometrische Form der radikalen Gewalt erreicht, indem das »Außen« sich selber einschließt. Im Lager wird das Innere der Stacheldrahtzäune zum »Außen«: es ist das Außen schlechthin, der Ort/Nicht-Ort, an dem die absolute Willkür des Todes herrscht. Es gibt dort keinen Ausweg, von allen Seiten erinnert der Stacheldraht an die brutale Willkür der SS: Hunger, Durst, Schläge. Die negative Polarisierung verstärkt sich unablässig, verdoppelt und verdreifacht sich, und zwar ohne jeglichen Verlust. Im Innern/Äußern des Stacheldrahts ist der Tod aufs äußerste verdichtet, selbst die Luft zum Atmen ist getränkt vom Geruch brennender Leichen.

Die Herde schützen und das wilde Tier töten

Der Stacheldraht ist von seinem Wesen her ausschließlich für Tier und Mensch bestimmt. Die klassischen Holzzäune beispielsweise sperren zwar einen Raum ab, sind aber nicht entworfen, um das menschliche Wesen in seiner Menschlichkeit, daß heißt als fühlendes Wesen, zu treffen. Die Bretter oder Stäbe spielen eine eindeutige Rolle im Raum: sie zerteilen ihn. Der Stacheldraht hingegen hat eine aktive Wirkung auf die

II. Der Stacheldraht und die politische Verwaltung des Raumes

Körper: er hält sie fern. Dieser Bezug zum menschlichen Wesen spielt sich auf dem untersten und somit allgemeinsten Niveau ab, er betrifft die Schmerzempfindlichkeit des Menschen und sein Streben, sein Leiden zu vermeiden.

Der Stacheldraht betrifft nicht eine bestimmte Gruppe von Menschen oder Tieren, nicht die Rinder, Schafe, herumstreunenden Hunde, Schakale, Indianer, Viehdiebe, oder Pferde und ihre Reiter im einzelnen, sondern er betrifft sie alle zusammen und auf dieselbe Art. Das Innere muß vor schleichenden Schatten, vorbeiziehenden Massen und herumirrenden Individuen bewahrt werden. Der Stacheldraht stützt sich auf Dispositive, die die Trennung vornehmen zwischen dem was leben und dem was sterben soll. Genauer gesagt schaffen sie einen Unterschied zwischen den einen, die noch Menschen, und den anderen, die nur noch Körper sind. Auf der einen Seite gibt es produzierende Subjekte, die vom Mantel der demokratischen Rechte beschützt und bedeckt werden. Sie bilden eine Herde, doch eine Herde mit menschlichem Antlitz. Auf der anderen Seite gibt es verlassene Körper, die ihre Rechte verloren haben und mehr an Tiere als an Menschen erinnern. Doch sind sie nicht einmal mehr eine Herde, die ja ein ökonomischer Wert ist und somit ihren Ort im Inneren hat. Diese Menschen stehen außerhalb des Stacheldrahts, verloren im Unbekannten, dem Bedrohlichen und Negativen, und sind für die im Innern nichts weiter als wilde Tiere. Dies spiegelt sich in einem großes Repertoire an Tiernamen wieder, mit denen die Menschen außerhalb des Stacheldrahts benannt werden.

Für den weißen Mann in Amerika sind die Indianer, solange sie friedlich sind, Wilde, das heißt unzivilisierte Menschen, doch sie werden zu Jagdwild, sobald sie sich verteidigen. Ende des 19. Jahrhunderts wird der Stacheldraht im amerikanischen Westen »als Schutz vor Wölfen *(wolves)* oder wölfischen Indianern *(wolfish Indians)*«[76] bezeichnet. Im klassischen Western wird der Indianer oft tierähnlich dargestellt. Bepinselt und gefiedert, fast ohne menschliche Gestalt, halb Tier, halb Gegenstand, erscheinen die Indianer kreischend und bedrohlich, manchmal töten sie (nie den Helden), manchmal werden sie getötet... und das Spiel ist aus. Sie gehören zu den Zwischenfällen und sind nichts weiter als zu überwindende Hindernisse.«[77]

Ebenso geht es auch während des ersten Weltkriegs nicht darum, einen Gegner, mit dem geopolitische Unstimmigkeiten bestehen, zu besiegen, sondern eine Gefahr für Vaterland und Rasse auszumerzen. Frankreich ist das Feld, auf dem die Herde weidet, die sich gegen die monströsen Germanen verteidigen muß, die sich ihrerseits in Kälber, Wölfe und Mikroben verwandeln. »Aber die deutschen Offiziere, nein, nein und abermals nein! Das sind keine Menschen, das sind Ungeziefer. Weiß Gott, es ist schon ein Spezial-Ungeziefer; Kriegsbazillen nenne sie meinetwegen. Von nahem muß man die Kerle gesehen haben, lang, mager, dünn wie Nägel, und doch mit dicken Kälberfratzen.«[78] Und in den Konzentrationslagern sind die Menschen nur noch Teile, Stücke oder Viehköpfe, Schweine,

II. Der Stacheldraht und die politische Verwaltung des Raumes

oder Flöhe und Kakerlaken, Ungeziefer, die den gesunden und sauberen Arier zu beschmutzen drohen.

Die Animalisierung ist eine Voraussetzung für die Ausübung einer radikalen Gewalt auf einen bestimmten Teil der Bevölkerung. Daß die KZ-Häftlinge wie Tiere zusammengepfercht und die Juden wie Flöhe behandelt werden, zeigt, daß die Nazis seit langem versuchten, den Feind als einen Parasiten darzustellen, dessen Ziel es ist, die deutsche Rasse zu zerstören. »Wenn ein Volk seine ganze Existenz von einem Gegner bedroht sieht, so hat es alles zurückzustellen und muß diesen einen Gegner zu vernichten trachten.«[79] Die Lager und Stacheldrähte werden von dieser Animalisierung getragen und sollen dazu beitragen, diese zu verstärken und zu rechtfertigen. »Jetzt könnt ihr deutlich sehen, daß es nichts weiter als Tiere sind, und von der schlimmsten Sorte. Wir hatten es euch doch gesagt. Sie sind häßlich, sie stinken, sie sind schwach, sie sind feige und prügeln sich ums Essen. Kein Arier würde so etwas jemals tun. Sie werden ja schon mit Viehwaggons in die Lager gebracht, deren Luken mit Stacheldraht verschlossen sind.«
Schon allein die Tatsache, Menschen hinter Stacheldraht einzupferchen, beschwört die Überlagerung der Bilder von Mensch und Tier herauf. Der Stacheldraht der Lager ist für die Nazis eine Art visueller Unterstützung ihrer Propaganda. Die technische Polyvalenz des Stacheldrahts, der ebensogut eine Kuh, einen Hund oder jedes andere Lebewesen zurückstoßen kann, ruft, wenn er Menschen einschließt, einen Schock her-

vor, der die Gewißheit ins Schwanken bringen kann, ob es sich wirklich noch um vollwertige menschliche Wesen handelt, und der damit zugleich deren Schicksal, wie Tiere zu krepieren, rechtfertigt.

Der Stacheldraht, gerechtfertigt durch eine propagandistische Animalisierung des Menschen, transformiert diesen in ein lebendes Material, das liquidiert oder zur Arbeit eingesetzt werden kann. Es macht den Menschen zugleich zu einem Stück Vieh, zum wilden Tier und zum Ungeziefer, zu einem Schaf, einem Schakal oder einem Floh… und trotz allem bleibt er irgendwie ein Mensch. Im Lager gilt es, die Herde zu beschützen und gleichzeitig das wilde Tier zu töten.

Stacheldraht und Überwachung

Weder ein Zaun noch eine Mauer können alleine bestehen. Unmöglich, einen völlig unzerstörbaren Wall zu bauen. Jede materielle Trennung braucht Reparaturen, Verbesserungen und vor allem Überwachung. Eine Absperrung muß um so mehr überwacht werden, je empfindlicher sie in ihrer materiellen Beschaffenheit ist. Nun ist der Stacheldraht paradoxerweise sehr empfindlich: Seine Leichtigkeit und Biegsamkeit bedeuten eine gewisse Zerbrechlichkeit. Wenn niemand da ist, um die Drähte zu bewachen, lassen sie sich mit einer guten Zange leicht durchschneiden. Deswegen werden die Umzäunungen der Felder von ihren Besitzern bewacht. Vor den Schützengrä-

II. Der Stacheldraht und die politische Verwaltung des Raumes

ben überwachen die Wachtposten das Niemandsland und richten ihre Gewehre auf jeden, der es versucht, den Stacheldraht zu durchtrennen. Und auch das Lager wäre trotz der elektrischen Zäune ohne Wachtürme nicht wirklich geschlossen. Das zeigen die wenigen Beispiele von Fluchtversuchen, die alle an den Wachtürmen und nicht am Stacheldraht gescheitert sind. In Mauthausen versuchten 1945 sowjetische Kriegsgefange, die einer besonders harten Behandlung unterworfen waren, die sie alle in den Tod treiben sollte, zu fliehen. »Die Flucht begann mit der Erstürmung eines Wachturms. […] Anschließend schalteten sie die elektrische Umzäunung aus, indem sie sie mit nassen Decken kurzschlossen. Ein zweiter Wachturm wurde mit Hilfe der im ersten Angriff erbeuteten Waffen erobert.«[80]

Die mit den Stacheldraht in enger Verbindung stehende Überwachung ist kein Blick nach außen oder nach innen, sondern ein kurzsichtiger Blick, der nichts weiter sieht als die schützende Linie des Zauns. Daher kann man in den Lagern nicht von einer normalisierenden und permanenten visuellen Überwachung, von einer sogenannten panoptischen Überwachung sprechen. Es reicht nicht aus, daß eine Reihe von Lagern nach einem strengen rechteckigen, manchmal sternförmigen Muster (Sachsenhausen) errichtet wurde, um sie als Verwirklichung der architektonischen Utopie eines Bentham zu bezeichnen.[81] Das *Panoptikon* ist ein am Ende des 18. Jahrhunderts von dem Vorläufer des englischen Utilitarismus, Jeremy Bentham, entwickelter Entwurf eines Gefängnisses, das eine wichtige Form der Ökonomie verwirklichen sollte. Der Entwurf macht es nämlich möglich, daß ein einziger Überwacher, der in der Mitte eines kreisrunden Gebäudes sitzt, alle Gefangenen in den vergitterten Zellen des Außenturms beobachtet. Der Überwacher selbst kann von den Gefangenen nicht gesehen werden, seine Anwesenheit wird somit überflüssig und die Überwachung automatisch und virtuell. Es reicht aus, zu glauben, man werde möglicherweise überwacht, um sich wie ein tatsächlich Überwachter zu verhalten. Dieses architektonische Prinzip kann als Metapher für eine der wichtigsten modernen Machtstrategien dienen, bei der es nicht so sehr darum geht, die Menschen einzusperren, als sie zu disziplinierten Individuen zu formen.[82]

Das Paar Stacheldraht-Überwachung funktioniert auf andere Weise. Obwohl der Stacheldraht auch mit einer panoptischen Kontrolle vereinbar wäre, kontrolliert er nicht in erster Linie das allgemeine Verhalten der Überwachten, sondern lediglich ihren Bezug zu der Absperrung, der sie sich unterwerfen müssen. Der Stacheldraht hindert sie lediglich daran, den ihnen genehmigten Bereich zu verlassen und den verbotenen zu betreten. Auch hier gibt es einen panoptischen Abschreckungseffekt, denn derjenige, der die Absperrung zu überwinden versucht, weiß nicht, ob er beobachtet wird oder nicht (zum Beispiel aus dem Schützengraben oder vom Wachturm aus). Er rechnet also notwendig mit dieser Überwachung. Der Streifen vor den elektrischen Zäunen gilt unter jeden Umständen als extrem gefährlich und todbringend. Im Gegensatz zum panop-

II. Der Stacheldraht und die politische Verwaltung des Raumes

tischen Prinzip, das Verhalten eines jeden einer normativen virtuellen Kontrolle auszusetzen, um bestimmte Verhaltensweisen hervorzurufen, zielt das Paar Stacheldraht-Überwachung darauf ab, eine permanente und undurchdringliche Grenze zu schaffen. Insofern sie potentiell reaktiv ist, muß sie den Unerwünschten immer als aktiv erscheinen.
Natürlich spricht nichts dagegen, diese Grenzüberwachung an andere Überwachungsdispositive zu koppeln, wie die des Bauern auf seinem Feld, des Viehzüchters für seine Herde, der Spionageflugzeuge über feindlichem Gebiet oder des KZ-Aufsehers über die Lagerinsassen. Doch dies ist nicht die eigentliche Funktion des Paars Stacheldraht-Überwachung, das allein den Schwellen und ihrer Überschreitung gilt.

Stacheldraht und Überwachung bilden ein einzigartiges Dispositiv der räumlichen Anwendung der Macht. Diese Einzigartigkeit wird noch dadurch verstärkt, daß Stacheldraht und Überwachung nicht nur verbunden, sondern untrennbar miteinander verwoben sind. Der Blick wacht über den Stacheldraht und der Stacheldraht schützt zugleich das forschende Auge. Die Überwachung befindet sich notwendigerweise auf der positiven Seite der Absperrung: Wachtürme innerhalb der Lagerabsperrung sind unvorstellbar. So läßt sich nicht sagen, was eher da war, der Wachturm oder der Stacheldraht, denn dieser beschützt den Überwacher und der Überwacher beschützt den Stacheldrahtzaun.

Genauer gesagt, benutzt die Überwachung den Aufschub, den ihr die Absperrung bietet, um die richtige Antwort auf einen Angriff zu finden. Und die Absperrung stützt sich ihrerseits auf die Schnelligkeit, mit der die Überwachung auf einen Angriff antwortet. Die Idee besteht darin, den Angriff zu verzögern und eine schnelle und erfolgreiche Verteidigung mit Hilfe der von der Überwachung gelieferten Informationen zu organisieren. In seiner Funktionsweise ist das Dispositiv Stacheldraht-Überwachung eher auf die Zeit als auf den Raum bezogen.[83]

Am Beispiel des Stacheldrahts kann man sehen, daß eine Lösung der modernen Probleme der politischen Raumverwaltung nur möglich ist, wenn die Trennungsmarke kleiner, die Wirksamkeit des Zurückweisens aber größer wird. Es gibt heute kaum noch schwere Trennvorrichtungen, da sie zu sichtbar sind und zu viele Angriffspunkte bieten. Durch einen allmählichen Übergang vom Physischen der Absperrung zum Optischen der Überwachung wird die Kontrolle des Raumes immer unauffälliger und interaktiver. Das Spiel der Sichtbarkeiten wird umgekehrt: Früher mußte man sich unsichtbar machen, um eine weithin sichtbare Grenze anzugreifen; heutzutage ist es die Grenze, die sich den Blicken und dem Zugriff desjenigen entzieht, der sie überwinden will, während er im gleißenden Licht überrascht wird und einem Gegenschlag ausgesetzt ist.

Bereits die Einführung des Stacheldrahts steht für eine Virtualisierung der räumlichen Abgrenzungen. Hier wird die Leich-

II. Der Stacheldraht und die politische Verwaltung des Raumes

tigkeit der Schwere vorgezogen, die Schnelligkeit der Blockade, das Licht der Undurchsichtigkeit und das Mögliche dem Tatsächlichen. Virtualisieren bedeutet nicht, daß die Macht weniger real wird, sie wird nur verschoben. Sie operiert nicht mehr durch materielle und statische, sondern durch informationale und energetische Dispositive, die dynamisch sind. Anstatt eine große Menge von Energie in Türmen oder Wällen zu verschwenden, versucht die moderne Macht, beliebig einsatzfähige Dispositive zu schaffen, die nur dann in Funktion treten und Kosten bereiten, wenn dies unbedingt notwendig ist. Diese Virtualisierung steht somit nicht für eine geringere Kontrolle des Raums. Ganz im Gegenteil vermehrt die Abnahme von Präsenz bei den Abgrenzungen die Handlungskraft und Stärke der Macht.

Der Stacheldraht kann als Meilenstein in der Geschichte der Virtualisierung der politischen Raumverwaltung angesehen werden. Das ehemalige Machtsymbol, die Gewalt über Abschließung und Umgrenzung der Räume, verwischt sich langsam und wird zum negativen Bild einer brutalen Herrschaft, die die Symbole der Beherrschung der politischen Wirksamkeit vorzieht. Doch mit Ende des Zweiten Weltkriegs wird auch der Stacheldraht zu einer schweren und archaischen Technik und einem universalen Symbol der Unterdrückung.

Der Stacheldraht heute

Trotz seines hohen Alters und obwohl er sich seit einem Jahrhundert kaum verändert hat, erscheint der Stacheldraht immer noch in einer großen Anzahl von brutalen Abgrenzungen, sozialer, politischer oder wirtschaftlicher Art. Die Indianer stoßen immer noch auf dieselbe Grenze. In Mexiko steigt die Benutzung des Stacheldrahts für Zäune und Absperrungen seit den siebziger Jahren wieder an und geht auf Kosten des traditionellen Ackerbaus der Indianer. »Die Wachstumsunterschiede, die die Viehzüchter von den indianischen Bauern trennen, werden durch die Stacheldrahtzäune symbolisiert. Sie ermöglichen ein Zunehmen des Arbeitsertrags und tragen zur Vergrößerung der Gräben zwischen beiden Produktionssystemen bei. Die Wachstumsunterschiede werden vergrößert und zwingen die an den Rand gedrängten Gesellschaftsgruppen zu verschwinden.«[84] In Brasilien besetzen die Großgrundbesitzer oft illegal beträchtliche Flächen und verjagen durch Stacheldrähte und Terror die indianischen oder andere Kleinbauern. »Bico do Papagaio ist eine Region mit einer Kultur, in der die Erde allen gemeinschaftlich gehört, mit Weilern von zwanzig bis dreißig Familien. Hier konnten wir uns davon überzeugen, daß die Gemeinden von anrüchigen Maklern mit Stacheldraht umzäunt wurden. In einem dieser Dörfer […] wurden alle zweiunddreißig Häuser vollständig vom Feuer zerstört, das die Militärpolizei von Goiás nach dem Rückzug der Familien und in ihrer Anwesenheit legte.«[85] Die Indianer begegnen den Stacheldrähten auch an der Grenze zwischen Mexiko und den Vereinigten Staaten. Der Stacheldraht erlangt hier solch eine Wichtigkeit, daß ein mexikanischer Künstler 1996 der Universität von New Mexico eine Skulptur vorschlägt, die drei aztekische Indianer darstellt, die in die Vereinigten Staaten auswandern [...] mit einem Stück Stacheldraht auf der Spitze der Skulptur. Der Künstler erklärt, daß »alles in dieser Arbeit ein Symbol ist«, und daß der Stacheldraht, der gleichzeitig in seiner Skulptur und entlang der mexikanisch-amerikanischen Grenze vorhanden ist, »ein entmenschlichender Teil unseres Lebens ist«.[86]

Zahlreich sind heutzutage die Grenzen, die durch Stacheldraht markiert sind. In der Westsahara hat Marokko im Krieg gegen die Sahrauis der Frente Polisario zwischen 1980 und 1987 eine Mauer von 2400 Kilometern Länge gebaut, die es »einhundertsechzigtausend marokkanischen Soldaten ermöglichte, sich hinter ihrem Radar, ihren elektronischen Überwachungsmethoden, ihren Minenfeldern und Stacheldrähten«[87] zu verstecken. In Zypern ist der von den Türken seit 1974 besetzte Norden und der griechische Süden durch die »letzte Mauer Europas«[88] getrennt, einem hundertachtzig Kilometer langen Stacheldraht, der von den Türken »Attila«-Linie genannt wird. Im Süden Libanons ist das von den Israelis besetzte Gebiet vom Rest des Landes getrennt. Als die israelische Armee im April

Der Stacheldraht heute

1999 zum zweiten Mal das Dorf Arnun besetzt, hat sie »dieses Dorf vom Rest des Landes isoliert und es de facto erneut an das israelisch besetzte Gebiet angeschlossen. Am Dorfeingang wurde eine über zwei Meter hohe Mauer aus Sand aufgeschüttet und Stacheldrähte wurden um das Dorf gespannt. Traktoren zogen einen Graben entlang der Straße.«[89]

Auch die Palästinensergebiete sind von Israel getrennt, vor allem der Gaza-Streifen, der weiterhin ein abgeschlossenes von Stacheldraht umgebenes Gebiet ist. Um am Kontrollpunkt von Erez »nach Gaza einzureisen, muß man sein Auto auf einem Parkplatz abstellen, einen Kilometer zu Fuß gehen und drei Mal seinen Paß vorzeigen. Und dann muß man jenen Tunnel aus Gittern [und Stacheldraht] durchqueren, der ab vier Uhr morgens anfängt, Palästinenser wie Vieh auszuspucken, die ihre täglichen 120 Schekel in den israelischen Feldern, Baustellen oder Fabriken verdienen wollen.«[90]

Die tschetschenischen Flüchtlinge, die dem Krisengebiet zu entkommen versuchen, werden von russischen Checkpoints aufgehalten. Ende November 1999 erstreckte sich die Autokolonne an der Grenze nach Inguschetien über drei Kilometer. »Eine Gruppe von schmutzigen und durchfrorenen Männern und Frauen halten sich ständig vor den hastig über der Straße ausgerollten Stacheldrähten auf, die die Grenze markieren. Auf einem Schild steht von Hand geschrieben: ›Vorsicht Grenzposten. Hinter dieser Grenze wird geschossen‹.«[91]

Auch wenn die Stacheldrähte von den innereuropäischen Grenzen verschwunden sind, stoßen diejenigen, die die Einreise nach Europa versuchen, auf »einen neuen Schutzwall – ohne Stacheldraht, Minenfelder, Wachtürme oder Gräben, aber genauso wirksam und weitaus tödlicher«.[92] An den spanischen Küsten »schießt die Polizei nicht auf die illegalen Einwanderer, sie begnügt sich damit, sie in ihre Netze zu bekommen und sie tot oder lebendig an den Ausgangspunkt ihrer Reise zurückzubringen«.[93] In Österreich sind die »Stacheldrähte, die den ›Ostblock‹ abgeriegelt haben, demontiert und durch eine unauffällige, aber undurchdringliche Überwachung dieser äußeren Grenze der Europäischen Union ersetzt worden.«[94] Mit der zunehmenden Vermehrung der »Auffanglager« hat Europa seinen Spitznamen »Europa der Stacheldrähte«[95] zur Genüge verdient. Gitter und Stacheldrähte umschließen eines dieser Lager in Arenc, in der Nähe von Marseille, von dem aus 1492 Personen (von 1752, die sich dort aufgehalten hatten) 1998 ausgewiesen wurden. Die Flüchtlingsorganisation Cimade, die dieses Lager betreten durfte, spricht von »unmenschlichen Haftbedingungen« und einer »Situation, die eines Rechtsstaats unwürdig ist«.[96] In Belgien existieren sechs Lager dieser Art, deren offen eingestandenes Ziel die Abschiebung von fünfzehntausend Menschen pro Jahr ist. »Alle diese Lager sind eindeutig wie Gefängnisse zur Sicherung der restlichen Bevölkerung aufgebaut und funktionieren auch dementsprechend: zwei Reihen Gitter, die manchmal noch mit Stacheldraht bespannt sind, Überwachungskameras, Aufpasser, begrenzter und strikt überwachter Zutritt (der einer besonders harten Reglementierung unterworfen ist)«.[97] Auch Italien, dem

Der Stacheldraht heute

lange Zeit eine zu lasche Handhabung des Flüchtlingsproblems vorgeworfen wurde, hat nun seine »Auffanglager« eingerichtet. »Stacheldrähte, Polizeigürtel, massive Fluchtversuche, Menschenjagden: man kann sagen, daß in Italien die Rechte mit Füßen getreten werden, ja sogar von Lagern wurde gesprochen.«[98]

Letztlich geht die ununterbrochene Geschichte der Lager mit der des Stacheldrahts Hand in Hand. Wir erinnern uns an das Photo, auf dem bosnische Moslems hinter dem Stacheldraht eines Lagers zusammegepfercht sitzen. Dieses Bild wurde zusammen mit einem Photo der Nazi-Lager gezeigt, wobei die historische Kontinuität durch den Stacheldraht zum Ausdruck kommt, das beide Photos aneinander anschließen läßt.

Auch in den Flüchtlingslagern ist der Stacheldraht allgegenwärtig. Diese Lager erinnern in ihrer Form oft an Konzentrationslager, sie bestehen aus »einer Reihe von Baracken, die von Gittern und Stacheldraht umgeben sind«.[99] In Palästina, im Libanon, in Syrien und in Jordanien leben hunderttausende palästinensischer Flüchtlinge teilweise seit dreißig bis fünfzig Jahren in Lagern. Auch wenn die materielle Situation sich seit den Anfängen verbessert hat, leben einige von ihnen immer noch in baufälligen Baracken und werden als Exilanten angesehen. »Der Raum des Lagers materialisiert die doppelte Marginalisierung, deren Opfer sie sind: die wirtschaftliche, aber auch die soziale und nationale.«[100]

Die Flüchtlingslager im Kosovo waren durch Gitter und Stacheldraht abgeriegelt. Im Mai 1999 kehren vierhundert Kosovaren aus der Gefangenschaft nach Kukës zurück. »Als die Busse in der Nähe des Flüchtlingslagers ankommen, bricht unvermittelt der Wahnsinn aus. Hunderte von Händen werden aus den Stacheldrähten herausgestreckt, man weint, man zerkratzt sich das Gesicht am Stacheldraht«,[101] in der Hoffnung, seinen Mann, Vater oder Sohn wiederzufinden.

Der weltweite »Erfolg« des Stacheldrahts läßt also nicht nach, er bleibt weiterhin ein Symbol für eine brutale politische Einteilung des Raums. Trotzdem ist er aus unserer alltäglichen Welt, aus den urbanen Gegenden der liberalen Demokratien verschwunden. Selbst in den Auffanglager wird versucht, so wenig wie möglich Stacheldraht zu verwenden, und er wird wahrscheinlich bald ganz verschwinden. Denn seit dem Zweiten Weltkrieg hat sich das Image des Stacheldrahts nicht verbessert. Seit er zum Symbol der Gefangenen- und Konzentrationslager und der faschistischen Unterdrückung geworden ist, hat der Stacheldraht nicht aufgehört, für alle negativen Ereignisse zu stehen, mit denen er mehr oder weniger eng verbunden war. Das Zeichen von Amnesty International, die als Organisation weltweit politische Haft und Folter verfolgt, ist eine brennende Kerze, die von einem Stacheldraht umgeben ist.[102] Das negative Symbol kann dann zum positiven werden, wenn es um seine Zerstörung geht. 1989 beschloß Ungarn, dem Westen seine Offenheit zu zeigen: »In einer symbolischen Geste hat der Außenminister mit seinem österreichischen Kollegen

Der Stacheldraht heute

die Stacheldrähte zerschnitten, die den Standort des eisernen Vorhangs zwischen Österreich und Ungarn markierten.«[103]
Je empfindlicher die Öffentlichkeit gegenüber politischer und gesellschaftlicher Gewalt ist, desto höhere politische Kosten bringt jeder Einsatz von Stacheldraht mit sich. Er wird also nur dann verwendet, wenn die politischen Kosten nicht höher sind als der Nutzen, den sich die Macht davon verspricht. Produktivität ist mehr denn je eine Frage der richtigen Verwaltung der verschiedenen Strömungen, und die Raumordnung muß somit die bestmögliche Kontrolle des Umlaufs der Güter und gleichzeitig größte Beweglichkeit ermöglichen. Dies trifft besonders auf die Konsumorte (Einkaufszentren, Freizeitparks...) zu, die für ihre Bedürfnisse entsprechende Begrenzungen benutzen, das heißt leichtere Techniken, unauffälligere und wirksamere Methoden, die allerdings nicht weniger gewaltsam für jene sind, die unter ihnen leiden: die Unerwünschten.

Zaun und Tor stellen eine binäre Trennung dar: sie sind entweder offen oder geschlossen. Der Stacheldraht bildet durch seine notwendige Verbindung mit der Überwachung eine technische Verfeinerung der Filterungstechniken, eine interaktive Trennung, deren Reaktion sich, dank der von der Überwachung gelieferten Information, an die Ereignisse anpaßt. Die neuen elektronischen Techniken gehen in diesem Sinne noch einen Schritt weiter, indem sie es ermöglichen, einen Ort zu begrenzen, ohne den Raum abzusperren. Diese Auswahlmethoden und Schnittstellen des Ein- und Ausgangs wenden sich in direkter Form an das Individuum, in indirekter Form an die Bevölkerungen.[104]

Der Checkpoint als Dispositiv – durch den die Eingänge und Ausgänge in und aus einem bestimmten Gebiet nach festgelegten Kriterien gefiltert werden – kann hier als Modell dienen. Bisweilen wird an diesen Kontrollpunkten selbst in Friedenszeiten Stacheldraht benutzt. In Brasilien kommt es vor, daß eine Straße von einer Privatpolizei teilweise durch Stacheldrähte versperrt wird, um nur jene Personen durchzulassen, die einen Geschäftsbezirk oder ein wohlhabendes Wohnviertel tatsächlich betreten dürfen. In den liberalen Demokratien jedoch, in denen jedes Zeichen der Gewalt so weit es geht vermieden wird, werden die Bewegungen unauffällig kontrolliert, ohne die Offenheit des Raumes irgendwie einzuschränken. Hierfür gibt es mehrere Möglichkeiten.

Die Rolle eines Sicherheitsbeamten am Eingang liegt nicht in der Unterdrückung, sondern in der Vermittlung, er muß abraten, erklären, betreuen und führen. In einem Einkaufszentrum oder einem Freizeitpark ist er da, um freundlich zu entmutigen oder höflich jedes Individuum, dessen Verhalten zu sehr von den Normen abweicht, zum Verlassen der Räume aufzufordern. Bei diesem Verhalten handelt es sich allerdings ausschließlich darum, einen Fehler wiedergutzumachen. Die eigentliche Aufgabe eines Sicherheitsbeamten besteht darin, am Eingang gut zu sortieren. Wenn er seine Arbeit gut macht, geht die Aussortierung auf sanfte Art vor sich, ohne daß der Besu-

Der Stacheldraht heute

cher dessen gewahr wird. Ziel dieser Operation ist es, denjenigen, den man dort nicht haben will, gar nicht erst hereinzulassen.[105] Der Aufpasser hat auf zwei Dispositive Zugriff, die ihm ununterbrochen Informationen liefern: elektronische Schranken und Überwachungskameras.

Die elektronischen Schranken sollen das Unsichtbare sichtbar machen: Metall, magnetische Gegenstände oder, mittels Röntgenstrahlen, einen durch seine Form verdächtigen Gegenstand (in einem Koffer zum Beispiel). Sie werden etwa an Geschäftsausgängen benutzt, um gestohlene Gegenstände aufzuspüren. Die gesamte Kundschaft läßt diese immaterielle Durchsuchung über sich ergehen, ohne in irgendeiner Weise davon berührt zu werden. Derjenige, der einen unbezahlten Gegenstand versteckt, löst einen Alarm aus, der die plötzlich gar nicht mehr so freundlichen Aufpasser herbeiruft. An den Übergangsorten, vor allem an Flughäfen, aber auch an bestimmten öffentlichen Orten (Gerichte, Stadien…) sind die elektronischen Schranken eine Sicherheitsgarantie, indem sie am Eingang potentiell gefährliche Gegenstände mittels Röntgenstrahlen identifizieren.

Über dem Ganzen thront das Netz der Videoüberwachung. In Frankreich gab es 1998 eine Million privater Videoüberwachungssysteme und fast hundertfünfzigtausend an öffentlichen Plätzen. Sie werden benutzt, um Einfahrten und Ausfahrten von verschiedenen mehr oder weniger geschlossenen Orten zu überwachen, wie etwa Parkplätze, Geschäfte, Freizeitparks, Wohnhäuser.

Die Sicherheitsbeamten werden dank der Kameras früh genug von der Ankunft einer »nicht erwünschten« Person in Kenntnis gesetzt, die abzuweisen oder streng zu überwachen ist. Durch die Videoaufzeichnungen ist es auch möglich, eine unerwünschte Person im Nachhinein zu identifizieren, indem man denjenigen, der gegen die Regeln verstoßen hat, auf dem Video wiedererkennt. Indem man die gesamte Aufzeichnung ansieht, kann man eine Liste der »zwielichtigen« Gestalten erstellen, die an dem Verstoß schuld sein könnten. Die Aufzeichnungen ermöglichen es, die Fehler wiedergutzumachen und denjenigen zu erwischen, den man gar nicht erst hätte hereinlassen dürfen. Die Regie, der unzugängliche Hintergrund der Überwachung, ist das Zentrum einer sofortigen Informationsverarbeitung. Es ermöglicht nicht nur, die Beschützung des Dispositives zu beschleunigen und so einer eventuellen Aggression vorzubeugen, sondern auch, die Zeit zurückzudrehen und Fehler, die einem unterlaufen sind, wiedergutzumachen.

Durch die jüngsten Entwicklungen der Videoüberwachung soll die Schnelligkeit des Überwachungsdispositivs noch gesteigert werden, indem dieses automatisiert wird. »Zur Zeit wird an der Entwicklung von Programmen gearbeitet, die auf die automatische Erkennung der Gesichtszüge einer gesuchten Person spezialisiert sind. Diese Erkennung soll sogar auf Videokasetten möglich sein, auf denen Szenen mit vielen Menschen aufgenommen sind. Die Erneuerung dieser Überwachungssoftware ermöglicht eine sozusagen »objektive« Beobachtung, die sich auf die Erkennung ungewöhnlicher Verhaltensweisen,

Der Stacheldraht heute

atypischer Kleidung oder einer bestimmten ethnischen Herkunft spezialisiert.«[106]
Dank der Digitalisierung des optischen Signals können die Daten mit einer unglaublichen Rechengeschwindigkeit bearbeitet werden. Dies ist der Übergang von einer »passiven Optik« zu einer »aktiven Optik«,[107] die die Reaktivität der Dispositive beschleunigt und vervielfältigt. Damit eröffnet sich die Möglichkeit unsichtbarer und automatischer Ausgrenzungen. Die Auswahl des Computers kann sofort durch ein einfaches Leuchtsignal angezeigt werden: grün heißt ja, rot heißt nein, und das ohne jede Erklärung. Es ist jetzt schon kaum möglich, sich mit Überwachungspersonal auseinandersetzen, aber noch unmöglicher wird es sein, mit einen Computer zu diskutieren. Außerdem »geht die Tendenz des Marktes dahin, das Überwachungspersonal durch die Elektronik zu ersetzen«.[108]

Der städtische Raum ist mehr und mehr in Zonen eingeteilt, die ihre eigenen Zugänge und Verhaltensmaßregeln haben. Die Einkaufszentren suchen sich die zahlungskräftigen Individuen aus und fördern eine normative Subjektivität des Konsums. Die Freizeitparks zielen darauf ab, »das Verlangen des konsumierenden Kunden auf einem bis auf den letzten Millimeter durchkalkulierten Raum auf möglichst rationale Weise auszubeuten, wobei sie die Unerwünschten ausschließen. Dies alles geschieht hinter dem Schleier des pädagogisch Wertvollen und der Verkündung fortschrittlicher Interessen«.[109]

Doch die bezeichnendste Entwicklung der letzten Jahre ist die Verbreitung »gesicherter« Wohnanlagen. Hierbei handelt es sich um regelrechte Gemeinschaften, die beschließen, in Siedlungen zu leben, die säuberlich und eindeutig von ihrem urbanen Umfeld abgeschlossen sind. Mehr als acht Millionen Menschen leben in den Vereinigten Staaten in umzäunten Gebieten, die von privaten Sicherheitsdiensten dank Überwachungskameras, Lichtschranken und Magnetkarten bewacht werden. Auch in Frankreich ist ein solcher Trend zu beobachten. So soll im Süden, in Toulouse, Bordeaux, Montpellier oder Aix-en-Provence, die gesicherte Abgeschlossenheit der Wohnanlagen schon zum Kaufargument geworden sein. Diese Residenzen, die man nur betreten kann, »wenn man sich vor der ferngesteuerten Tür genügend ausweist« und die mit »ausgetüftelten Fernsprechanlagen, allgegenwärtiger Videoüberwachung, Nachtwächtern und nächtlichen Kontrollgängen« ausgestattet sind, befinden sich natürlich in einer fröhlichen und gastlichen Umgebung, die die »dörfliche Illusion des Glücks« erzeugt. Hier wird man keinem Stacheldraht begegnen, der den geselligen Komfort des Reichenghettos stören würde. Außerdem ist der Erfolg allzu sichtbarer Überwachunsdispositive eher mäßig. Wenn eine »Umgrenzungsmauer für die Sicherheit insofern kontraproduktiv sein kann, als sie zu viel Aufmerksamkeit erweckt«,[110] kann sie auch für den Verkauf kontraproduktiv sein, da die Bewohner die Abtrennung zwar wünschen, sie aber nicht sehen möchten... Bald wird es ausreichen, die materielle und sichtbare Anwesenheit der Abgrenzungen

Der Stacheldraht heute

dank der neuen Technologien verschwinden zu lassen, ohne ihre Wirksamkeit dabei zu schmälern, um die letzten politischen und gesellschaftlichen Hindernisse aus dem Weg zu räumen. Anscheinend ist die Gewalt der Macht nur solange unerträglich, wie man sie sehen kann.

Auf einer anderen Ebene, derjenigen der Stadt und ihrer Bevölkerung, wird die räumliche Hierarchie durch noch heimtückischere Öffnungen und Absperrungen hergestellt. Die indirekten Zugänge werden nicht dem Körper zu- oder abgesprochen, sondern dem wirtschaftlichen und symbolischen Kapital der Gruppen. Einige Kategorien der Bevölkerung werden angezogen während andere zurückgestoßen werden, stets aufgrund ihrer Kaufkraft. So werden symbolische Signale ausgesendet, durch die sich die verschiedenen sozialen, ethnischen und kulturellen Zugehörigkeiten wiedererkennen. »Der Raum [ist] auch der Ort, wo Macht sich behauptet und manifestiert, wobei sie in ihren subtilsten Formen als symbolische Gewalt zweifellos weitgehend unbemerkt bleibt.«[111] Diese sanfte Gewalt der Herrschaft zielt darauf ab, die Besetzung eines bestimmten Raums weniger zu verbieten als sie vielmehr anzuregen oder von ihr abzuraten. Dergestalt, daß die Handlung gleichzeitig der Höhe des Gehalts und einer auf persönlichen Vorlieben beruhenden freien Entscheidung zu entspringen scheint. Das Gewaltsame an der sozialen Hierarchisierung des Raums wird dadurch teilweise verwischt und verdeckt.

Die Verknüpfung direkter und indirekter Filter ermöglicht die Errichtung eines dichten Kontrollnetzes über dem sozialen Raum und die Sicherheit, daß jeder automatisch und unauffällig an seinen Platz zurückgeführt wird. »Umgekehrt werden aber die Kapitallosen gegenüber den gesellschaftlich begehrtesten Gütern, sei es physisch, sei es symbolisch, auf Distanz gehalten. [...] Der Mangel an Kapital verstärkt die Erfahrung der Begrenztheit: er kettet das Individuum an einen Ort.«[112]

Jeder trägt seinen sozialen/räumlichen Status mit sich, sozusagen auf seinen Schultern. Mittels der verschiedenen Statussymbole kann die Zufuhr der Individuen so gefiltert werden, daß an einem bestimmten Ort nur die seinen jeweiligen Anforderungen entsprechenden Individuen existieren. Darüber hinaus steht dieser Status für eine wirtschaftliche und symbolische Prägung, die das Individuum dazu verleitet, bestimmte Orte eher zu bewohnen und aufzusuchen als andere. Damit entsteht eine soziale Hierarchie, die die Menschen danach einteilt, ob sie zu gewissen symbolisch und/oder wirtschaftlich wertvollen Orten Zugang haben. Und diejenigen, die nirgendwo Zugang haben, irren durch ein räumliches und »gesellschaftliche[s] *no man's Land*«.[113]

Es bleibt ihnen nichts anderes als das Außen, das Äußere,[114] das überall sein kann, da es den toten Winkel des demokratisch liberalen Einschlusses darstellt, den Nicht-Ort der Umkehrung des biopolitischen »Leben-Machens« in ein unauffälliges soziales oder reales »Sterben-Lassen«, und, warum nicht, eines Tages, in ein ebenso unauffälliges »Sterben-Machen«.

Anmerkungen

1 Zitiert nach Henry D. McCallum, Frances T. McCallum, *The Wire that Fenced the West,* Norman, University of Oklahoma Press, 1965, S. 71.

2 Ebd., S. 31f.

3 Pierre Mélandri, *Histoire des États-Unis depuis 1865,* Paris, 1984, S. 26.

4 James O. Adams, *Eleventh Annual Report of the Board of Agriculture for the Year 1881,* New Hampshire, 1882, S. 31f.

5 Walter P. Webb, in: Claude Folhen, *La Vie quotidienne au Far-West (1860-1870),* Paris, 1974, S. 86.

6 Brief Jeffersons an William Henry Harrison vom 27. Februar 1803. Zitiert nach: Nelcya Delanoë, *L'Entaille rouge. Des terres indiennes à la démocratie américaine. 1776-1996,* Paris, 1996, S. 54.

7 Roger Renaud, »On n'a jamais découvert l'Amérique, on l'a niée«, in: ders., *De l'ethnocide,* Paris, 10/18, 1972, S. 12f.

8 Zitiert nach: Janet A. McDonnell, *The Dispossession of the American Indian 1887-1934,* Bloomington, 1991, S. 6.

9 Henry D. McCallum, Frances T. McCallum, *The Wire that Fenced the West,* S. 204.

10 Vgl. B. G. Trigger, W. E. Washburn, *The Cambridge History of the Native People of the Americas. Vol. I: North America, Part 2,* Cambridge, 1996, S. 216.

11 Nelcya Delanoë, *L'Entaille rouge. Des terres indiennes à la démocratie américaine, 1776-1996,* S. 72.

12 Frederick Jackson Turner, *Die Grenze: Ihre Bedeutung in der amerikanischen Geschichte*, Deutsch von Ch. v. Cossel, Bremen-Horn, 1947, S. 192.

13 Henry D. McCallum, Frances T. McCallum, *The Wire that Fenced the West*, S. 11.

14 J. Mauduy, G. Henriet, *Géographies du Western*, Paris, 1989, S. 175.

15 Raymond Bellour (Hg.), *Le Western*, Paris, 1993, S. 129f.

16 Ebd., S. 137.

17 Alle Zitate aus *Man without a star* (Mit stahlharter Faust) von King Vidor, 1955.

18 Maréchal de Folard, zitiert nach: Chevalier de Clairac, *L'Ingénieur de campagne ou trité de la fortification passagère*, 1749, S. 93f.

19 Vor den Schützengräben ausgehobene Löcher, die den Schwung des Angreifers bremsen sollten.

20 Abgehackte Bäume, die mit den Ästen zum Angreifer vor den Schützengraben gelegt werden.

21 Lieutnant Général A. Brialmont, *La Fortification du champ de bataille*, 1878, S. 12.

22 Ebd., S. 331.

23 Reginald Kann, *Journal d'un correspondant de guerre en Extrême-Orient*, Calmann-Lévy, S. 265f.

24 Capitaine Soloviev, *Impressions d'un chef de compagnie*, Librairie militaire R. Chapelot et Cie, 1906, S. 34.

25 Pierre Miquel, *La grande guerre*, Paris, 1983, S. 192. Diese Feststellung über die Improvisiertheit sollte allerdings relativiert werden. Die Pioniere beherrschen zu jener Zeit zumindest theoretisch die Techniken des Schützengrabens und der zusätzlichen Verteidigungen perfekt. Und ab August 1914 werden um die Festung Maubeuge herum »innerhalb von drei Wochen 1 500 000 Pfosten eingeschlagen, um die sich tausende Kilometer

Anmerkungen

Stacheldraht wickeln; diese riesigen Verhaue, die eine Gesamtoberfläche von 100 Hektar bedecken, umgeben bald jedes Bauwerk...« Zitiert nach: Christian-Froge (Hg.), *14-18. La Grande Guerre, vécue, racontée, illustrée par les combattants,* 1922, S. 88.

26 Joseph Reinach, *La Guerre sur le front occidental. Étude stratégique, 1914-1915,* Bibliothéque Charpentier, 1916.

27 Pierre Miquel, *La grande guerre,* S. 193.

28 Ministère de la Guerre, École de fortification de campagne, *»Notice relative à l'installation des réseaux de fil de fer«,* Imprimerie G. Delmas, 1914, S. 25-56.

29 Ebd., S. 34, 43, 45, sowie *Archives de Vincennes, Service historique de l'armée de terre,* 16N855, 2V124.

30 Pierre Miquel, »L'année 14«, In: Antoine Prost (Hg.), *14-18: Mourir pour la Patrie,* Paris, 1992, S. 114.

31 Vgl. Ernst Jünger, *In Stahlgewittern,* Stuttgart, 1998, 40. Aufl., S. 11, 51, 58, 166, 210, 233, 242, 283.

32 Jacques Meyer, »La Vie quotidienne des soldats pendant la Grande Guerre«, in: Antoine Prost (Hg.), *14-18: Mourir pour la Patrie,* S. 114.

33 Es handelt sich hierbei um zwei Metall- oder Holzkreuze, die durch Stäbe verbunden und manchmal mit Stacheldraht umwickelt sind.

34 J.-P. Guéno, Y. Laplume, *Paroles de poilus, lettres de la Grande Guerre,* Paris, 1998, S. 13.

35 Ernst Jünger, *In Stahlgewittern,* S. 51.

36 J.-P. Guéno, Y. Laplume, *Parole de poilus,* S. 14.

37 Micheline Kessler-Claudet, *La Guerre de quatorze dans le roman occidental,* Paris, 1998, S. 44.

38 Ebd., S. 34-49.

39 Henri Barbusse, *Das Feuer. Tagebuch einer Korporalschaft,* aus dem Französischen von L. von Meyenburg, Zürich, 1920, S. 259.

40 Roland Dorgelès, *Les Croix de bois*, Paris, 1919; Dt.: *Die Hölzernen Kreuze*, aus dem Französischen von Tony Kellen und Erhard Wittek, Leipzig, 1988, S. 174.

41 Jack Sweney, »*Letter to Girlfriend*«, 1916, zitiert nach: *The Spartacus Internet Encyclopedia:* www.spartacus.schoolnet.co.uk/FWWbarbed.htm.

42 George Coppard, *With a Machine Gun to Cambrai*, London, 1980, Imperial War Museum, zitiert nach: *The Spartacus Internet Encyclopedia:* www.spartacus.schoolnet.co.uk/FWWbarbed.htm.

43 Kozak, Stanislas, zitiert nach: Ruby, Marcel, *Le Livre de la déportation*, Paris, 1995, S. 331.

44 Eugen Kogon, *Der SS-Staat*, Stockholm, 1947, S. 53f.

45 Ady Brille, *Les Techniciens de la mort*, Paris, 1979, S. 163.

46 Hannah Arendt, *Elemente und Ursprünge totaler Herrschaft*, München, 1995, S. 685.

47 Es handelt sich hier einzig und allein um das Lager, wie es unter den Nationalsozialisten entstand. Das sowjetische Beispiel unterscheidet sich hiervon empfindlich.

48 David Rousset, *Le Système concentrationnaire*, Paris, 1998, S. 50.

49 Marcel Ruby, *Le Livre de la déportation*, S. 379.

50 Robert Antelme, *Das Menschengeschlecht*, aus dem Französischen von Eugen Helmlé, München/Wien, 1987, S. 39.

51 Es geht hier natürlich nicht darum, sich für einen der beiden Ansätze zu entscheiden, sondern auszumachen, was für unseren Gegenstand relevant ist, nämlich der Einsatz des Stacheldrahts in der Geschichte der Konzentrationslager.

52 Primo Levi, *Ist das ein Mensch?*, München, 1992, S. 47.

53 Ebd., S. 31

54 Robert Antelme, *Das Menschengeschlecht*, S. 39.

Anmerkungen

55 Im Original Deutsch.

56 David Rousset, *Le Système concentrationnaire,* S. 103 und 106.

57 Eugen Kogon, *Der SS-Staat,* S. 194.

58 Bomba Abraham, in: Claude Lanzmann, *Shoah,* Paris, 1985, S. 153f.

59 Primo Levi, *Ist das ein Mensch?,* S. 203.

60 SDECE ist die Abkürzung des französischen Auslandsgeheimdienstes »*Service de documentation extérieure et de contre-espionage*«. (A.d.Ü.)

61 Die DGER *(Direction Générale de l'Enseignement et de la Recherche)* ist die Bildungs- und Forschungsdirektion des französischen Landwirtschafts- und Fischereiministeriums. (A.d.Ü.)

62 »*Les Barbelés au Bois de Boulogne*«, Le Monde, 7. August 1946.

63 François Cochet, *Les Exclus de la victoire. Histoire des prisonniers de guerre,* Paris, 1992, S. 232.

64 *Le front de barbelé* (Die Stacheldrahtfront), eine alle zwei Wochen erscheinende Zeitschrift des Vereins der ehemaligen Kriegsgefangenen der Seine, ihre erste Nummer erscheint 1945; *Après les barbelés* (Nach dem Stacheldraht), monatliches Informationsblatt des Vereins der ehemaligen Kriegsgefangenen im *Departement Bas-Rhin* (1948); *Les Barbelés* (Stacheldraht), Monatsschrift des Vereins der ehemaligen Kriegsgefangenen von 1939-1940, *Cisailles et barbelés* (Blechscheren und Stacheldraht), Zeitschrift der nationalen Verbindung der Kriegsflüchtlinge. Dieses Verlangen sich mitzuteilen, drückt sich auch in Erzählungen und Theaterstücken aus: *Dans les barbelés* (Im Stacheldraht), ein Drama über die Gefangenschaft, 1945 geschrieben von den Gefangenen in *Colroy-la-Grande* oder *Barbelés sanglants* (Blutiger Stacheldraht) von Richard Gueutal, herausgegeben von der *Amicale du Stalag VA* (1984).

65 Eugen Kogon, *Der SS-Staat;* Milton Meltzer, *Never to forget. The Jews of the Holocaust,* New York, 1976 (Montage).

66 Claude Laharie, *Le Camp de GURS,* Biarritz, 1985; Gilbert Badia (et. al.), *Les Barbelés de l'exil,* Grenoble, 1979; Lyon Feuchtwanger, *Le Diable en France,* Paris, 1985; Sylvain Kaufmann, *Au-delà de l'enfer,* Paris, 1987; Primo Levi, *Si c'est un homme,* Paris, 1987; Anne Grynberg, *Les Camps de la honte,* Paris, 1991; »*Bulletin trimestriel*« der Fondation Auschwitz, Brüssel.

67 Andrzej J. Kaminski, *Konzentrationslager 1896 bis heute. Eine Analyse,* Stuttgart-Berlin-Köln-Mainz, 1982. Ebenso Léon Poliakov, *Auschwitz,* Paris, 1964.

68 Joë Nordmann, Anne Brunel, *Aux vents de l'histoire, mémoires,* Arles, 1996, S. 185.

69 Diese drei Konsequenzen werden vom Stacheldraht nicht hervorgerufen sondern nur verstärkt, er wird zu einer ihrer Operatoren.

70 Vgl. Alexis de Tocqueville, *Über die Demokratie in Nordamerika, Band I,* Stuttgart, 1990.

71 Alain Brossat, *L'Épreuve du désastre. Le XXe siècle et les camps,* Paris, 1996, S. 28.

72 Michel Foucault, *Sexualität und Wahrheit. Erster Band: Der Wille zum Wissen,* aus dem Französischen von Ulrich Raulff und Walter Seitter, Frankfurt a. M., 1977, S. 163.

73 Henry D. McCallum, Frances T. Mc Callum, *The Wire that fenced the west,* S. 138.

74 Giorgio Agamben, *Homo Sacer,* Frankfurt am Main, 2002, S. 130.

75 Ernst Jünger, *In Stahlgewittern,* S. 233-246.

76 James O. Adams, *Eleventh Annual Report of the Board of Agriculture for the Year 1881,* S. 32.

77 Bernard Dort, in: Raymond Bellour (Hg.), *Le Western,* S. 60.

78 Henri Barbusse, *Das Feuer,* S. 37f.

Anmerkungen

79 Auszug aus einer Rede Hitlers vom 16. 5. 1927 auf einer NSDAP-Versammlung in München zitiert nach: Adolf Hitler, *Reden, Schriften, Anordnungen: Februar 1925 bis Januar 1933,* Hrsg. vom Institut für Zeitgeschichte, Bd. II: Vom Weimarer Parteitag bis zur Reichstagswahl, hrsg. und kommentiert von Bärbel Dusik. Teil 1. Juli 1926 – Juli 1927, München/New York/London/Paris, 1992, S. 307.

80 Gordon J. Horwitz, *In the shadow of death,* New York, 1990, S. 125.

81 Vgl. Jean-Louis Cohen, »La Mort et mon projet: architecture des camps«, in: François Bédarida, Laurent Gervereau (Hg.), *La déportation, le système concentrationnaire nazi,* Paris, 1995. Entgegen der Behauptung Jean-Louis Cohens erscheint uns das Lager aufgrund seiner Architektur nicht panoptisch. Man könnte andererseits näher auf den panoptischen Charakter der Überwachung durch die Kapos und deren Terrorwirkung eingehen.

82 Zum Panopticon vgl. Jeremy Bentham, *The panopticon writings,* New York/London, 1995 und zu seiner Verbreitung als allgemeines disziplinäres Prinzip, vgl. Michel Foucault, *Überwachen und Strafen,* Frankfurt a. M., 1977, S. 251-292.

83 Es ist wahr, daß die Auswirkung räumlich ist, doch das Prinizip, nach dem dieses Dispositiv funktioniert, ist vor allem zeitlich.

84 Hubert Cochet, *Des barbelés dans la sierra,* Paris, 1993, S. 287.

85 »La terre et le sang«, Auszüge aus *Dial* Nr. 983 und 1002, in: *Le Monde Diplomatique,* April 1985.

86 Zitiert nach Roberto Rodriguez, »Barbed Wire for Controversy«, *Black Issues in higher Education,* Ausgabe vom 14. November 1996.

87 Jean Ziegler, »Quinze ans de conflit au Sahara Occidental«, in: *Le Monde Diplomatique,* März 1989; zur Lösung des Konflikts, dem Waffenstillstand von 1991 und dem beabsichtigten, aber immer wieder aufgeschobenen Referendum siehe auch: Mariano Aguirre, »Vers la fin du conflit au Sahara Occidental«, in: *Le Monde Diplomatique,* November 1997.

88 Niels Kadritzke, »Chypre, otage de l'afrontement entre Athènes et Ankara«, in: *Le Monde Diplomatique,* September 1998, und Eric Rouleau, »La partition s'enracine à Chypre«, in: *Le Monde Diplomatique,* Oktober 1996.

89 »Un village libanais une nouvelle fois annexé à la zone occupée par Israël«, in: *Le Monde,* 17. April 1999.

90 Béatrice Guelpa, »Gaza, écran total«, in: *L'Hebdo,* 30. Dezember 1999.

91 Anne Nivat, »Les réfugiés au bon vouloir russe pour passer la frontière«, in: *Libération,* 30. November 1999.

92 Juan Goytisolo, »Un nouveau mur de la honte«, in: *Le Monde diplomatique,* Oktober 1992.

93 Ebd.

94 Lorraine Millot, »L'Autriche frissonne sous les vents d'Est«, in: *Libération,* 12./13. Juni 1999.

95 Titel einer Textsammlung von Jean-Pierre Perrin-Martin, Paris, 1998. Jean-Pierre Perrin-Martin ist darüber hinaus Initiator der Bewegung »*Europe barbelé*« und Ko-Autor von *La Rétention,* Paris, 1996.

96 Vgl. Pedro Lima und Régis Sauder, »Arenc, inhumaine antichambre du départ«, in: *Le Monde diplomatique,* November 1999.

97 Vgl. Laurence Vanpaeschen, »En Belgique, un arsenal répressif contre les étrangers«, in: *Le Monde diplomatique,* Januar 1999.

98 Alois Salvatore, »L'Italie ne veut plus être une ›aubaine‹ pour les irréguliers«, in: *Le Monde,* 20. August 1998.

99 Frédéric Bobin, »Les dernières heures du ›boat-people‹ vietnamiens à Hongkong«, in: *Le Monde,* 18. April 1995.

100 Nadine Picadou, »Dispersion, résistance et espoirs des exilés palestiniens«, in: *Le Monde diplomatique,* Juli 1992.

101 Florence Aubenas, »Prisonniers et boucliers des Serbes«, in: *Libération,* 24. Mai 1999.

Anmerkungen

102 Vgl. Egon Larsen, *Im Namen der Menschenrechte: Die Geschichte von Amnesty International,* vom Autor erweiterte und aktualisierte Fassung, München, 1983.

103 »En aucun cas, nous n'aurions recours aux vieilles méthodes«, Gespräch mit dem ehemaligen ungarischen Aussenminister Gÿula Horn, in: *Le Monde,* 5. November 1999.

104 Der Begriff Schnittstelle *(interface)* ist insofern interessant, als er jedes Dispositiv bezeichnet, das die Übergänge zwischen zwei getrennten Systemen regelt. Die Schnittstelle ist zugleich die Kontaktfläche der beiden Bereiche *(face)* und der Vorgang, der den Austausch zwischen diesen Bereichen regelt *(inter)*. (Zugang, Schwelle, Grenze wären als Begriffe zu passiv, denn sie bezeichnen nur die Grenze und nicht die Handlung der Aussortierens.)

105 Der Vorgang besteht darin, durch das Aussehen (»zwielichtige« ethnische Zugehörigkeit, sichtbare Zahlungsunfähigkeit, schlechtes Benehmen) und Verhalten (»unangemessene« Ungezwungenheit, heftige Gebärden, lautes Reden, Aggressivität) der betroffenen Personen eventuelle Risiken für das optimale Funktionieren des Ortes vorauszusehen und zu verhindern.

106 André Vitalis, »Être vu sans jamais voir. Le regard omniprésent de la vidéosurveillance«, in: *Le Monde Diplomatique,* März 1998.

107 Zum Unterschied zwischen direkter passiver und indirekter aktiver Optik siehe Paul Virilio, *Rasender Stillstand,* aus dem Französischen von Bernd Wilczek, München/ Wien, 1992.

108 Alexandre Garcia, »La vidéosurveillance se généralise dans les lieux publics et les entreprises«, in: *Le Monde,* 6. August 1998.

109 Susan G. Davis, »Quand les parcs à thème gangrènent les villes«, in: *Le Monde Diplomatique,* Januar 1998.

110 J.-P. Besset, Pascale Kremer, »Le nouvel attrait pour les résidences sécurisées«, in: *Le Monde,* 15. mai 1999.

111 Pierre Bourdieu, »Ortseffekte«, in: Pierre Bourdieu (Hg.), *Das Elend der Welt*, Konstanz, 1997, S. 163.

112 Ebd., S. 164.

113 Robert Castel, *Die Metamorphosen der sozialen Frage. Eine Chronik der Lohnarbeit*, aus dem Französischen von Andreas Pfeuffer, Konstanz, 2000, S. 359.

114 Es muß sich hier nicht um die Straße handeln, sondern um jeden beliebigen Ort, der für bestimmte Menschen einen Ort der Verlassenheit darstellt. Dieser Ort kann beweglich sein und den Unerwünschten überallhin begleiten, wodurch er sozusagen gezwungen wird, vor seinem eigenen Schatten zu fliehen.

trans
positionen

Sarah Kofman
Die Verachtung der Juden
Nietzsche, die Juden, der Antisemitismus

Aus dem Französischen von Bernhard Nessler
104 Seiten, Fadenheftung, Franz. Broschur
ISBN 3-935300-11-5
EURO 13.90 / SFr. 23.40

In dieser leidenschaftlichen und zugleich äußerst präzisen Lektüre zeichnet Sarah Kofman ein differenziertes Bild von Nietzsches spannungsreicher Konstruktion einer Gestalt des Juden.

Fern jeder Simplifizierung und dicht an den Texten Nietzsches stellt dieses Buch eine der beunruhigendsten Fragen an ein bis heute wirkungsmächtiges Denken. Begriffe des »genealogischen Historikers« Nietzsche wie »Rasse«, »Übermensch« oder »Wille zur Macht« erscheinen so in einem neuen Licht.

Darüber hinaus bietet diese späte Schrift einen Zugang zu wichtigen, bislang noch wenig beachteten Aspekten im Werk der französischen Philosophin.

t r a n s
p o s i t i o n e n

Jean-Luc Nancy
Die Erschaffung der Welt *oder*
Die Globalisierung

Aus dem Französischen von Anette Hoffmann
160 Seiten, Fadenheftung, Franz. Broschur
ISBN 3-935300-21-2
EURO 19.90 / SFr. 33.90

Was läßt sich aus der Konfrontation einer Theologie und Philosophie der Schöpfung mit den ökonomisch-technologischen Realitäten gewinnen? Was kann dabei eine neuerliche Lektüre von Marx leisten, eine Begegnung mit Augustinus?

Jean-Luc Nancy unternimmt in diesem Buch eine Neubestimmung zentraler philosophischer Begriffe wie *Welt*, *Schöpfung*, *Wert* und unterzieht Schlagworte wie *Biopolitik*, *Souveränität* und *Gerechtigkeit* einer grundlegenden Revision. Aus der Perspektive des heutigen globalen Kapitalismus baut Nancy sein Projekt eines *political turn* der Dekonstruktion weiter aus und liefert dem Verständnis einer zukünftigen Gesellschaft und Poltik entscheidende Anstöße.

trans
positionen

Giorgio Agamben
Mittel ohne Zweck
Noten zur Politik

Aus dem Italienischen von Sabine Schulz
152 Seiten, Fadenheftung, Franz. Broschur
ISBN 3-935300-10-7
EURO 14.80 / SFr. 26.90

Warum konstituiert der Ausnahmezustand die Grundstruktur einer jeden staatlichen Ordnung? Weshalb hat der Begriff ›Menschenrechte‹ ausgedient? Was wäre der Ort und was der Raum einer künftigen ›polis‹?

Die hier versammelten Texte formulieren eine radikale Kritik von Politik im Zeitalter entleerter Kategorien. Im Rückbezug auf Hannah Arendt, Carl Schmitt und Michel Foucault skizziert Giorgio Agamben neue Perspektiven des Politischen im Kontext der heutigen demokratisch-spektakulären Gesellschaften.

t r a n s
p o s i t i o n e n

Alain Badiou
Über Metapolitik

Aus dem Französischen von Heinz Jatho
224 Seiten, Fadenheftung, Franz. Broschur
ISBN 3-935300-39-5
EURO 22.90 / SFr. 38.90

»Unter ›Metapolitik‹ verstehe ich, was es für eine Philosophie – an sich und für sich – zu bedeuten hat, daß die wirklichen Politiken Gedanken sind. Die Metapolitik wendet sich gegen eine politische Philosophie, die vorgibt, es sei Sache des Philosophen, ›das‹ Politische zu denken, weil die Politiken keine Gedanken seien…

Es ist eine Grundnotwendigkeit des heutigen Denkens, die ›politische Philosophie‹ zu beenden. Deren zentrale Operation besteht darin, die Politik auf die ›freie Entscheidung‹ und die ›Diskussion‹ zurückzuführen – in einer Öffentlichkeit, in der letztlich nur Meinungen zählen. Die Frage einer möglichen politischen Wahrheit ist also nicht allein vom Standpunkt der ›Diskussion‹ aus zu untersuchen, sondern innerhalb des ganzen komplexen Prozesses, der die Diskussion an die Entscheidung bindet.«

trans
positionen

Tiqqun
Theorie vom Bloom

Aus dem Französischen von Urs Urban
120 Seiten, Fadenheftung, Franz. Broschur
ISBN 3-935300-32-8
EURO 16.90 / SFr. 29.30

»Bloom [blum], der, um 1914; unbekannter Herkunft, vielleicht vom russischen ›Oblomov‹, vom deutschen ›Anna Blume‹ oder vom englischen ›Ulysses‹. — 1. Endzeitstimmung einer ans Sterbebett gefesselten Zivilisation, die sich von ihrem Untergang nur mehr abzulenken vermag, indem sie zwischen kurzen Phasen technophiler Hysterie und langen Abschnitten beschaulicher Kraftlosigkeit abwechselt. Es war, als lebte die blutleere Masse der Gehaltsempfänger im Bloom. ›Tod dem Bloom!‹ (J. Frey) 2. In übertragener Bedeutung: Unter den sonderbaren Menschen einer Welt autoritärer Warenwirtschaft weit verbreitete Lebens-Form des Dämmerns und der Beliebigkeit —> ›bloomig, Bloomität, Bloomifizierung‹. 3. auch: die Gegenwart des eigenen Nachlebens (Nachlaß zu Lebzeiten). ›Den Bloom haben‹. 4. Sterbeurkunde klassischer Politik. 5. Geburtsurkunde einer ekstatischen Politik. 6. Geschichte: besiegelte durch seinen Aufstieg die Bildung der verschiedenen Zellen des ›Unsichtbaren Ausschusses‹, eines anonymen Verschwörungsnetzwerks, das im ersten Viertel des 21. Jahrhunderts nach einer Reihe von Sabotageakten und Aufständen schließlich die Warenherrschaft beseitigte. ›Die Zuschauer erstarren, wenn der Zug vorbeifährt.‹ (K.) «

Michail Ryklin
Verschwiegene Grenze.
Briefe aus Moskau 1995-2003

Aus dem Russischen von Dirk Uffelmann
Gebunden 272 Seiten
ISBN 3-935300-30-1
Euro 24.90 / SFr 42.30

Seit Mitte der 1990er Jahre schreibt der russische Philosoph Michail Ryklin regelmäßig für die Zeitschrift LETTRE International »Korrespondenzen aus Moskau«. Ausgangspunkt dieser Reflexionen sind oft Geschehnisse scheinbar alltäglicher Natur – etwa der Sturz eines alten Mannes auf dem Trottoir –, die zu einer Lektüre von Symptomen weitaus größerer Dimension führen.

In dem vergangenen, von Wirtschaftskrise und Turbokapitalismus, Terrorismus und Repression, politischen Kehrtwenden und Tschetschenien-Krieg geprägten Jahrzehnt zeichnet Ryklin ein Bild Rußlands als »Laboratorium weltweiter Entwicklungen«.